Global Energy Interconnection
Development and Cooperation Organization
全球能源互联网发展合作组织

东北亚能源互联网
研究与展望

全球能源互联网发展合作组织

中国电力出版社
CHINA ELECTRIC POWER PRESS

U0662226

前言

　　亚洲经济体量大，是世界经济发展的重要引擎，绝大多数国家为发展中国家，发展潜力大。但当前发展过程中面临着国家间经济发展差距悬殊、能源安全保障困难、碳排放强度高、应对气候变化压力大等严峻挑战，可持续发展需求迫切。可持续发展的核心是清洁发展，关键是推进能源生产侧实施清洁替代，以太阳能、风能、水能等清洁能源替代化石能源；能源消费侧实施电能替代，以电代煤、以电代油、以电代气、以电代柴，用的是清洁电力。亚洲能源互联网为清洁能源大规模开发、输送、使用搭建平台，是构建清洁主导、电为中心、互联互通、共建共享的现代能源体系的核心，推动亚洲经济全面均衡发展，促进产业绿色低碳转型升级，积极应对气候变化，深化区域一体化和全方位协同合作，实现亚洲经济繁荣、社会进步和生态保护的全面协调发展。

　　东北亚作为亚洲经济最发达的区域，在全球经济发展格局中发挥重要作用，能源需求大。长期以来，东北亚能源消费高度依赖化石能源和区外石油进口，能源资源禀赋和能源消费呈逆向分布，使得各国在保障能源安全、保护环境、应对气候变化等方面面临严峻挑战。东北亚能源互联网是亚洲能源互联网的重要组成部分，是推动区域合作的核心内容和重要抓手。构建东北亚能源互联网，能够实现区域能源资源优化配置和清洁能源高效利用，将有力保障经济、社会和环境可持续发展，同时对亚洲能源互联网的整体发展具有重要意义。

　　本报告为亚洲能源互联网系列成果之一。内容共分 6 章：第 1 章介绍东北亚经济社会和能源电力发展现状，分析东北亚实现可持续发展和能源转型具有的优势和面临的挑战，提出能源互联网发展思路；第 2 章在实现全球温控目标的指引下，展望东北亚能源电力转型发展趋势，提出情景预测；第 3 章研究清洁能源资源分布和大型发电基地布局；第 4 章基于电力平衡分析，研究提出电网互联总体格局和互联方案；第 5 章评估构建东北亚能源互联网所能带来的综合效益；第 6 章提出相关政策机制。

希望本报告能为政府部门、国际组织、能源企业、金融机构、研究机构、高等院校和相关人员开展政策制定、战略研究、技术创新、项目开发、国际合作等提供参考。受数据资料和研究编写时间所限，内容难免存在不足，欢迎读者批评指正。

研究范围

本报告范围涉及俄罗斯、蒙古、中国、日本、韩国和朝鲜 6 个国家，其中中国重点研究华北地区（北京、天津、河北、山西、山东和内蒙古西部）和东北地区（辽宁、吉林、黑龙江和内蒙古东部），俄罗斯重点研究远东地区［阿穆尔州、哈巴罗夫斯克边疆区、犹太自治州、滨海边疆区、萨哈（雅库特）共和国、楚科奇自治专区、马加丹州、堪察加边疆区和萨哈林州］❶。

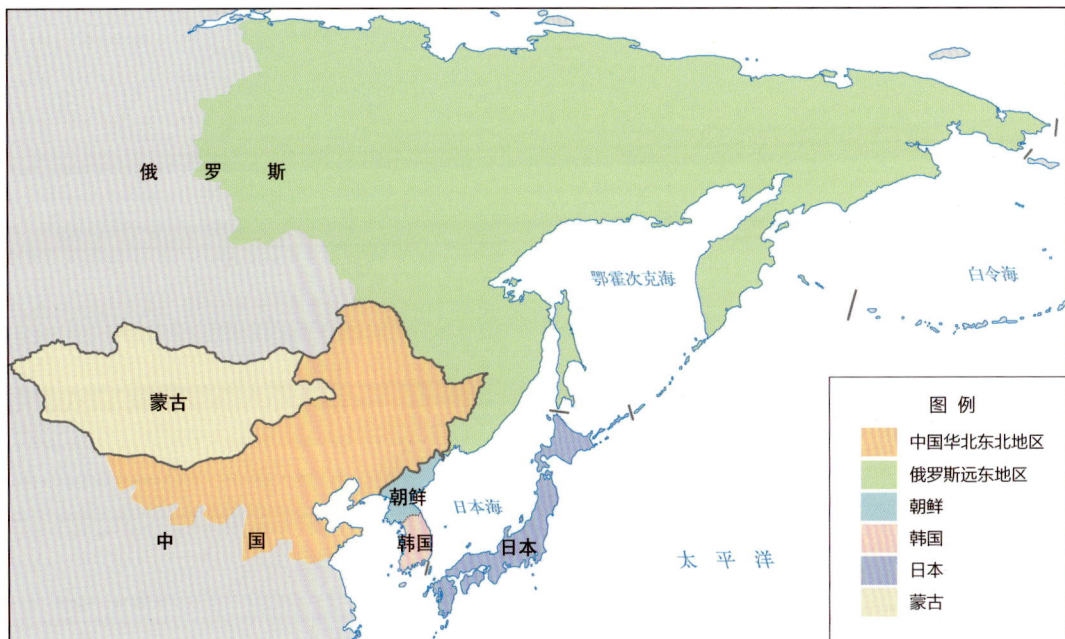

东北亚研究范围示意图

摘要

东北亚是全球经济中举足轻重、发展最快的区域之一。既有经济发达国家，又有新兴工业化国家，各国发展水平、经济结构梯次明显。资源条件各具特点，互补性强，合作空间大。东北亚长期以来所积累的气候环境、能源安全等方面问题突出。为实现东北亚可持续发展，需坚持发展与转型并举，促进产业绿色低碳转型升级，深化区域合作，实现经济与环境协调发展。

东北亚经济规模大，能源电力需求旺盛。 2017 年东北亚六国 GDP 总量约 20.3 万亿美元，约占全球 GDP 总量的 25%；2017 年东北亚一次能源消费约 29.9 亿吨标准煤，用电量约 3.4 万亿千瓦时。预计到 2050 年，东北亚一次能源需求达到 29.1 亿吨标准煤，用电量增长至 6.4 万亿千瓦时。

高度依赖化石能源，环境污染和能源安全风险问题突出。 2017 年东北亚化石能源消费占一次能源消费的 91%。高度依赖化石能源的发展模式，导致气候环境问题突出。1990—2017 年，化石能源燃烧产生的二氧化碳年排放量从 58 亿吨增加到约 130 亿吨，占全球比例从 28% 增加到 39%。全球细颗粒物浓度最高的 31 个特大城市中，有 5 个位于东北亚。部分国家化石能源高度依赖域外进口，能源安全风险较高。2017 年，日本、韩国能源进口量约占能源总消费的 93% 和 88%，且以域外化石能源进口为主。

区域合作基础良好，清洁发展互补优势明显，互联互通驱动力强劲。 各国均制定了一系列国家发展战略和规划蓝图，积极推动区域合作和绿色可持续发展。不同流域水电具有互补性、水电和风电季节互补性强、各国电力负荷季节互补性明显。资源与市场互补优势显著，日本、韩国、朝鲜能源电力市场需求大、能源资源较为匮乏，俄罗斯、蒙古清洁能源资源丰富，本地需求较小；中国、日本和韩国经济发展水平较高，具有较强的技术及资金储备。各国家和区域间电价差异明显，中国华北和东北、韩国平均电价是俄罗斯远东和蒙古的 2 倍，日本达到 3 倍以上。

清洁能源开发集中式与分布式并举，清洁能源占比和电气化率稳步提升。统筹清洁能源资源禀赋、开发条件及各国能源电力发展规划，规划至 2050 年在东北亚重点开发俄罗斯远东水电，在蒙古、中国华北和东北、俄罗斯鄂霍次克海等建设 27 个风电基地，在蒙古和中国华北建设 6 个太阳能基地。2030 年左右，东北亚清洁能源装机容量占比将超过化石能源装机容量。2035 年和 2050 年东北亚电源装机容量分别达到 20.5 亿千瓦和 28.9 亿千瓦，清洁能源装机容量占比分别达到 69% 和 84%。随着能源转型不断深入，电动汽车、电制热制冷等领域电能替代比例大幅提高，2050 年清洁能源占一次能源的比重将达到 70%，电能占终端能源的比重将达到 53%。

建设"三环一横"跨国输电通道，逐步形成东北亚能源互联网。按照清洁发展和协调发展的原则，东北亚总体形成"西电东送、北电南供、多能互补"的能源发展新格局。以俄罗斯远东和蒙古为主要电力外送基地，中国华北、日本、韩国和朝鲜为主要电力受入中心，建设"三环一横"跨国输电通道，形成东北亚能源互联网，拓宽能源输送方式和途径，实现清洁能源资源大范围优化配置和高效利用。

2025 年，区域内跨国电力交换 1175 万千瓦。建设蒙古乔伊尔—中国河北、中国威海—韩国仁川和韩国高城—日本松江、中国辽宁—朝鲜平壤—韩国首尔、中朝云峰背靠背以及俄罗斯萨哈林—日本北海道 5 项直流工程。蒙—中、中—韩—日、俄—日实现互联。

2035 年，区域内跨国电力交换 5975 万千瓦。建设蒙古乔伊尔—中国辽宁、中国山东—韩国釜山—日本京都、中国辽宁—韩国首尔 I/II、俄罗斯勒拿河—中国河北、俄罗斯哈巴罗夫斯克—朝鲜清津—韩国大丘以及俄罗斯萨哈林—日本东京 7 项直流输电工程。形成蒙—中—韩—日、中—俄、俄—日、中—朝—韩以及俄—朝—韩五大互联通道。

　　2050 年，区域内跨国电力交换 1.1 亿千瓦。建设蒙古塔班陶勒盖—中国山东、中国山东—日本福冈、中国蒙东—朝鲜开城—韩国光州、中国吉林—日本大阪、俄罗斯勒拿河—中国山东以及俄罗斯鄂霍次克—日本长野 6 项直流输电工程。各国间互联通道进一步加强，形成"三环一横"东北亚能源互联网格局。

　　建设东北亚能源互联网，带来显著的经济社会环境和政治效益。经济效益方面，到 2050 年，东北亚能源互联网建设累计投资 3 万亿美元，拉动经济增长；通过新能源、新材料、装备制造、电动汽车等上下游产业发展，有力带动区域经济发展。社会效益方面，到 2050 年，东北亚电力普及率将达到 100%；清洁能源占一次能源的比重达到 70%；带动新增就业岗位约 2400 万个。环境效益方面，东北亚能源互联网建设可有效减少温室气体排放，到 2050 年，能源系统二氧化碳排放降至 10 亿吨/年；有效减少气候相关灾害，减少大气污染物排放，到 2050 年可减少排放二氧化硫 710 万吨/年、氮氧化物 500 万吨/年、细颗粒物 145 万吨/年，提高土地资源价值 139 亿美元/年。政治效益方面，通过东北亚能源互联网的建设，建立广泛的合作机制并推动各国政策协同，加强政治互信；建立以清洁发展、互联互通为核心的地区能源治理新体系，促进地区融合发展，实现地区共同繁荣。

目录

目录

图表目录

■ 图目录

■ 表目录

Chapter

1

东北亚发展新机遇

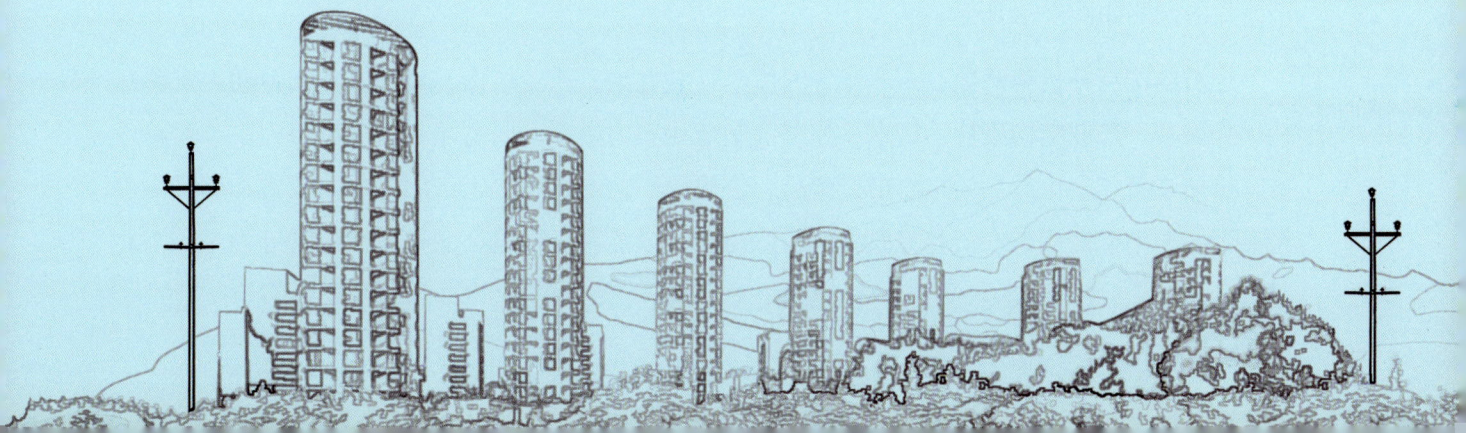

东北亚各国文化渊源深厚、历史往来密切、地缘联系紧密、人文和商贸往来活跃。同时，东北亚各国拥有较强的资源、金融、技术和市场互补性，是全球经济格局中经济活动最活跃、综合实力最强、消费需求最旺盛的地区之一。随着区域双多边合作的不断推进，东北亚正迎来可持续发展新机遇。

1.1 经济社会

1.1.1 宏观经济

东北亚是全球经济增长的引领者和贡献者。2017 年，东北亚六国 GDP 达到 20.3 万亿美元，增长率保持在 5.1%，约占世界经济总量的 25%。其中，中国和日本 GDP 分别为 12 万亿、4.9 万亿美元，分列世界第二、三大经济体。外汇储备总额约为 5.3 万亿美元（不含朝鲜），其中中国和日本分居世界第一、二位，外汇储备分别为 3.2 万亿、1.3 万亿美元。东北亚作为全球最具活力的市场之一，在全球经济发展中发挥着重要作用。2017 年东北亚 GDP 和外汇储备如图 1-1 所示。

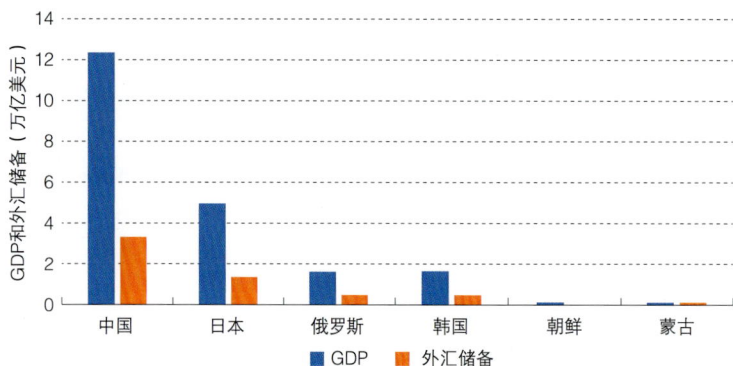

图 1-1　2017 年东北亚 GDP 和外汇储备

经济增长潜力正在不断释放。东北亚六国中，日本、韩国已迈入高收入国家行列，俄罗斯和中国为中高收入国家，蒙古和朝鲜则为中低收入和低收入国家。其中，中国经济仍有望保持稳健增长，同时巨大的市场规模和工业化能力将为东北亚发展提供强大动力。蒙古经济结构逐渐完善，未来有望保持中高速经济增长。国际货币基金组织（IMF）关于东北亚（除朝鲜外）经济增长的预测如图 1-2 所示。

经济结构互补优势明显。东北亚各国贸易互补性大，产业结构、市场供需和劳动力资源互补优势显著。**产业结构互补。**日本、韩国等制造业实力雄厚，以高端制造业出口为主。运输设备、机械设备和机电产品为主要出口商品，进口以矿物燃料和化工产品为主。蒙古和朝鲜出口产品则主要为矿产品、农产品等原材料，进口产品以能源、机电产品和运输设备等为主。东北

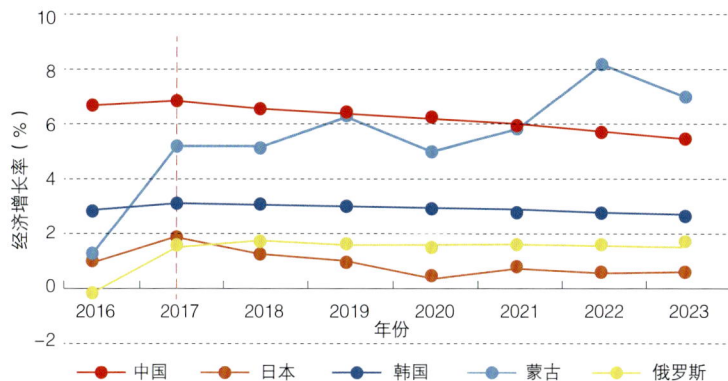

图 1-2　东北亚（除朝鲜外）经济增长预测

亚各国可以发挥各自产业优势，在能源、智能制造和节能环保等领域开展合作，形成合理的产业分工体系，实现产业协同发展。如中日韩三国高新技术产业合作，蒙古、俄罗斯、中国的能源资源开发合作等。**市场供需互补。**东北亚区域内贸易具有较高互补性。东北亚六国总人口为17.4 亿，约占世界总人口的 23%，拥有巨大的消费市场。俄罗斯、蒙古、朝鲜等国的能源、矿产资源可以满足区域内各国的原材料需求，日本、韩国、中国的制造业产品可支撑蒙古、朝鲜等国工业化发展。**劳动力资源互补。**中国、朝鲜劳动力资源丰富，劳动力成本较低。日本、韩国、俄罗斯远东劳动力相对短缺，劳动力成本高。劳动力流通不仅能为国家带来外汇，还能解决劳动力短缺问题。

1.1.2　人文社会

　　东北亚文化交流源远流长。中国、日本、韩国、朝鲜文化渊源深厚、历史往来密切，儒学在其历史上都曾占有重要地位，推动了社会进步与历史发展。鉴真东渡日本传教，日本遣唐使阿倍仲麻吕旅居唐朝为官，"东国儒宗"崔致远在唐朝求学为官等都见证了各国间密切的友好往来。俄罗斯、蒙古与中国山水相连，守望相助，各民族友好交往历史悠久。**中蒙俄三国有着紧密的地缘联系、人文交流和商贸往来。**三国间长期存在多民族跨境而居的独特格局，这些跨境民族语言相通、文化相近，形成了三国人文交往的重要基础。中蒙俄三国商业交往密切，从 18世纪中叶开始，起于中国经蒙古高原和西伯利亚至圣彼得堡的草原丝绸之路，横跨欧亚大陆，绵延万里，加深了三国间的商业交往和人文交流。

　　特大型城市是区域经济社会发展的重要引擎。日本东京、名古屋和关西三大都市圈是日本国民生活和经济活动的中心，总人口达到 6639 万●，连续 13 年超过日本总人口的 50%。**中国京津冀城市群**是中国北方的经济、文化和科技创新中心，总人口超过 1 亿，其中北京、天津的城市人口分别为 2154 万、1560 万。**韩国首尔城市圈**是韩国的政治、经济、科技、文化中心，

　　● 数据来源：日本总务省，人口动态和家庭数据统计，2019 年。

总人口超过 2300 万，约占全国人口的一半。

东北亚国家创新实力突出。中日韩三国企业研发支出位居世界前列。2019 年全球创新指数报告显示，在创新质量方面，日本、韩国分别位列世界第三位和第八位，在中等收入经济体中，中国和俄罗斯分别位列第一位和第三位；在国际专利方面，日本、韩国位列世界前十，在中等收入经济体中，中国位列第一。2017 年各经济体企业研发支出如图 1-3 所示。

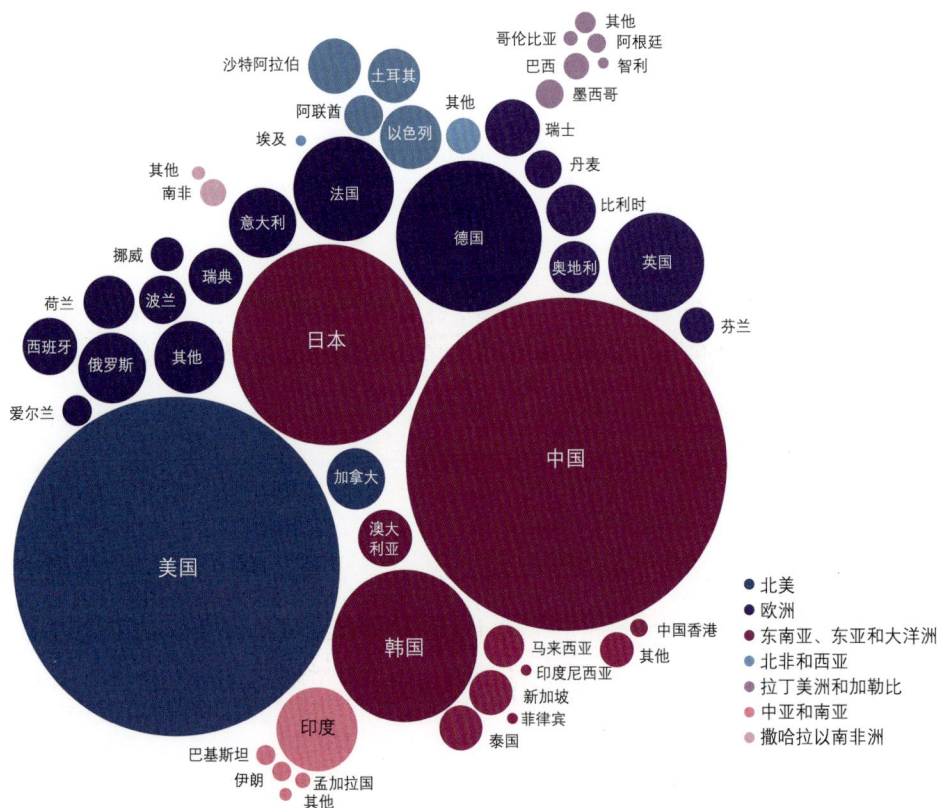

图 1-3 2017 年各经济体企业研发支出示意图❶

1.1.3　区域合作

合作与发展是东北亚的主基调。1992 年，在联合国开发计划署的倡导下，中国、俄罗斯、朝鲜、韩国、蒙古五国共同启动了图们江区域合作开发项目。2016 年 6 月，中蒙俄三国元首成功实现第三次会晤，签署了关于建设中蒙俄经济走廊的规划纲要，为三国合作揭开了新的篇章。中日韩三国自 2012 年 11 月启动"中日韩自贸区"谈判。

---

❶ 数据来源：康奈尔大学、欧洲工商管理学院、世界知识产权组织，2019 年全球创新指数：打造健康生活—医学创新的未来，2019。

专栏

东北亚各国国际合作战略

加强区域合作是东北亚各国的共同诉求。近年来，东北亚各国相继推出区域合作政策，如中国的"一带一路"倡议、俄罗斯的"大欧亚伙伴关系"、韩国的"新北方政策"等，开始逐步形成多层次、全方位的国际合作体系，区域合作带动经济发展成为区域各国的共识。

中国"一带一路"倡议。2013 年中国提出"一带一路"倡议，旨在促进经济要素有序自由流动、资源高效配置和市场深度融合，推动相关国家实现经济政策协调，开展更大范围、更高水平、更深层次的区域合作。共建"一带一路"倡议以政策沟通、设施联通、贸易畅通、资金融通和民心相通为主要内容扎实推进，致力于成为和平之路、繁荣之路、开放之路、绿色之路、创新之路、文明之路、廉洁之路，推动经济全球化朝着更加开放、包容、普惠、平衡、共赢的方向发展。

俄罗斯"大欧亚伙伴关系"。2016 年俄罗斯提出"大欧亚伙伴关系"概念，并表示参与者包括欧亚经济联盟成员国，以及与俄罗斯关系密切的国家。大欧亚地理上可覆盖欧亚大陆，中国、俄罗斯、印度、中亚是核心，韩国、日本、东南亚、中东是重要"朋友圈"，欧盟是可对话的伙伴。丝绸之路经济带与欧亚经济联盟对接是其构建"大欧亚伙伴关系"的第一步。

日本"全面与进步跨太平洋伙伴关系协定"。2018 年 12 月 30 日该协议正式生效，是一个包括货物贸易、原产地规则、贸易救济措施、卫生和植物卫生措施、技术性贸易壁垒、服务贸易、知识产权、政府采购和竞争政策等在内的综合性自由贸易协定，旨在削减关税、推动贸易投资自由化的同时，构建监管一致、自由开放的统一市场。

韩国"欧亚倡议""新北方政策"。韩国相继提出"欧亚倡议""新北方政策"，旨在充分发挥其连接欧洲和东亚地区的桥梁作用，推动亚欧经济合作，构建"亚欧和平共同体"，并借助东北亚经济合作推进半岛和平进程。2017 年公布"九桥战略规划"，涵盖能源、交通、工业、农业等多个方面，包括进口俄罗斯天然气，韩国铁路与西伯利亚铁路对接以及结合俄罗斯远东和蒙古风力发电，组成东北亚"超级电网"等。

蒙古"草原之路"。2014 年蒙古提出"草原之路"发展政策，推动"一带一路"与"草原之路"进行全面对接。蒙古利用地处欧亚中间的地理优势，以运输和贸易振兴经济。"草原之路"包括 5 个项目，总投资需求约 500 亿美元，主要对高速公路、输电线路、铁路、天然气和石油管道等基础设施进行扩建。"草原之路"将在能源和矿业领域为蒙古带来更多商机。

中日韩合作进入务实阶段。 2018 年三国首脑商讨中日韩自贸区建设和《区域全面经济伙伴关系协定》（RCEP）。中国同意给予日方 2000 亿人民币的合格境外投资者（RQFII）配额，支持日本金融机构积极通过 RQFII 投资中国资本市场，重启中日在紧急情况时的"货币互换协议"。中韩已启动山东烟台、江苏盐城和广东惠州三个合作产业园建设，同时就助推 5G 技术在下一代高速通信网尽早实用化达成一致。

"中蒙俄经济走廊"步伐加快。 中蒙俄三国已于 2016 年 6 月签署了《建设中蒙俄经济走廊规划纲要》，将重点合作共建一批交通基础设施项目。中俄已在能源、核能、航空航天等领域深度合作。俄罗斯将加快远东地区以及东部沿海城市对中国、日本的开放。中蒙关系良好，为蒙古扩大对中国的开放创造了条件。

区域内贸易市场规模增长空间大。 在普遍推行出口导向型发展战略的背景下，对外贸易增长是推动东北亚经济实力不断增强的重要因素。东北亚区域内贸易高度集中在中日韩三国。根据国际货币基金组织的统计，2017 年三国进出口总额占全球贸易量的近 20%，三国间贸易额近6700 亿美元，人员往来超过 2800 万人次。投资方面，2017 年，日本、韩国分别是中国第一和第四大外资来源国，同样，中国对日韩投资也发展迅速。未来随着各国经济不断发展，人均收入水平不断提高，区域内需求将逐渐得到释放，区域内贸易将实现更快发展。

1.1.4　发展战略

东北亚各国为实现经济快速可持续发展，已根据自身发展需求，制定了符合各自发展阶段的经济和能源发展规划。通过发挥各国经济特点和资源市场优势，培育可持续发展的内生动力，创造新的经济增长点。东北亚各国国家经济发展战略见表 1-1，东北亚各国可再生能源发展战略如图 1-4 所示。

表 1-1　东北亚各国国家经济发展战略

国家	战略名称	主要内容
中国	国民经济和社会发展第十三个五年规划（2016—2020）	到 2020 年国内生产总值和城乡居民人均收入比 2010 年翻一番
日本	安倍经济学新三支箭	到 2020 年将名义 GDP 目标从 500 万亿日元提升到 600 万亿日元，实现 2%的物价稳定目标
韩国	国政运营五年规划（2017—2022）	到 2022 年义务雇用青年比例由 3%提高到 5%，创造 81 万个公共机构岗位
蒙古	2007—2021 年发展总体规划目标	2016—2021 年经济年均增长不低于 12%，人均 GDP 不低于 1.2 万美元，进入世界中等收入国家行列
俄罗斯	2020 年前俄罗斯联邦社会经济长期发展构想	2020 年，人均国民生产总值将达到 3 万美元，高科技产品将在 5～7 个领域中占全球市场 5%～10%的份额，进一步加强在一体化欧洲的领导地位，并逐步成为世界经济中心之一

俄罗斯	中国	朝鲜
出台《2013—2020年能源效率和能源发展国家规划》，提出在俄罗斯远东建设7个能源电力相关大型项目。	出台《可再生能源法》，促进可再生能源的开发利用，优化能源结构，保障能源供应安全，保护环境、降低碳排放。	出台《可再生能源法》，鼓励可再生能源开发利用，保证经济可持续发展；制定《经济发展五年规划》，发展可再生能源，解决电力问题。

日本	蒙古	韩国
出台《可再生能源特别措施法》，优化能源结构，提高可再生能源比重。制定《能源基本计划》，加大可再生能源投入。	出台《可再生能源法》，推出"新能源国家项目"和"蒙古集成能源系统项目"，推动清洁能源开发，提高电力普及率。	出台《新能源和可再生能源基本计划》和《2030新能源产业扩散战略》，加大清洁能源推广力度，逐步向低碳经济转型。

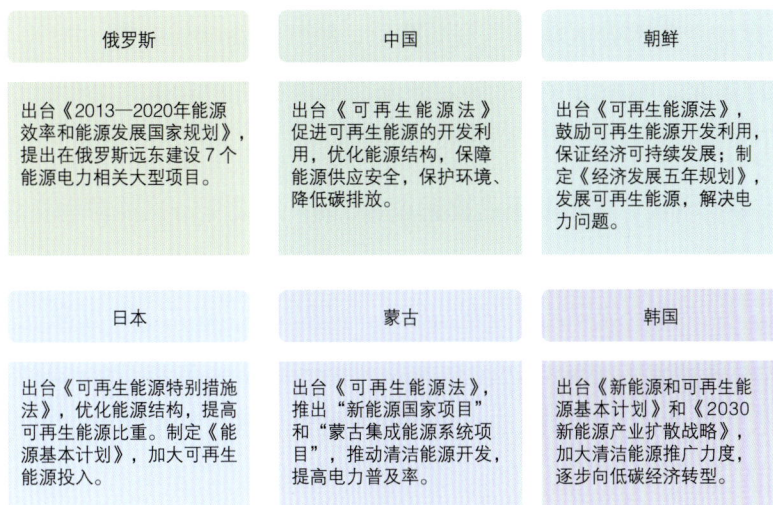

图 1-4　东北亚各国可再生能源发展战略

1.2　能源电力

1.2.1　能源发展

能源生产以煤炭为主。2000—2017 年，东北亚能源生产量从 8.9 亿吨标准煤增长到 19.8 亿吨标准煤，年均增长 4.8%，增速居全球首位。2000—2017 年东北亚能源生产量如图 1-5 所示。东北亚人均能源生产量为 1.1 吨标准煤，相当于全球平均水平的 43%❶。受控煤政策影响，中国华北煤炭产量增长放缓，日韩煤炭产量大幅下降，东北亚煤炭生产趋缓。2017 年，东北亚煤炭产量达 14.8 亿吨标准煤，占东北亚能源生产总量的比重达 75%，主要分布在中国华北内蒙

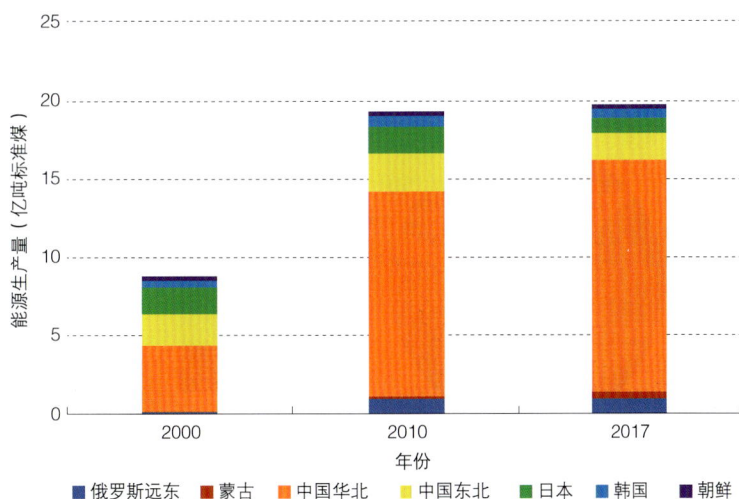

图 1-5　2000—2017 年东北亚能源生产量

---

❶ 数据来源：国际能源署，世界能源平衡，2017。

古、山西等地区。东北亚大部分区域油气资源匮乏，油气产量增长缓慢。2017年，东北亚石油、天然气产量分别为1.7亿、0.6亿吨标准煤，占东北亚能源生产总量的比重分别为9%、3%。核能、水能和其他可再生能源产量比重为13%。

一次能源消费持续增长，化石能源占比超过90%。东北亚一次能源消费总量从2000年的17亿吨标准煤❶大幅增长至2017年的29.9亿吨标准煤，年均增长3.4%。东北亚人均能源消费量为1.7吨标准煤，相当于全球平均水平的63%。中国华北、日本、中国东北能源消费量较大，占东北亚能源消费比重分别为45%、22%、17%。2000—2017年东北亚一次能源消费量如图1-6所示。2017年，东北亚化石能源消费占一次能源比重为91%，其中煤炭、石油、天然气在一次能源消费中比重分别为57%、23%、10%。东北亚清洁能源消费量不断增长，比重达9%，低于全球平均水平12个百分点。2000年以来，化石能源占一次能源比重下降4个百分点。2017年东北亚一次能源消费结构如图1-7所示。

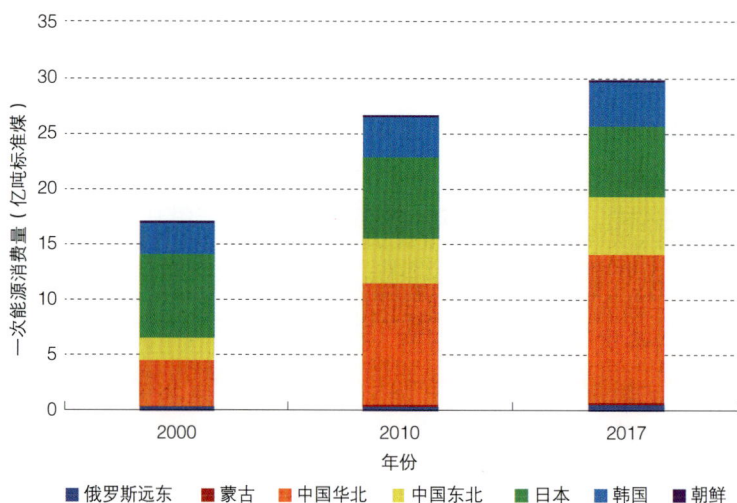

图 1-6　2000—2017 年东北亚一次能源消费量

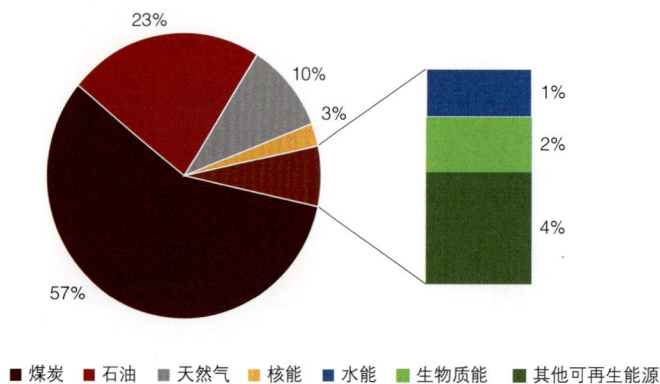

图 1-7　2017 年东北亚一次能源消费结构

---

❶ 采用发电煤耗法，下同。

　　终端能源消费以化石能源为主，电能比重上升。2000—2017 年，东北亚终端能源消费总量从 11.3 亿吨标准煤增长至 21.1 亿吨标准煤，年均增长 3.7%。2017 年，工业、交通、建筑部门的能源消费量分别为 11.2 亿、2.6 亿、5.4 亿吨标准煤，占比分别为 53%、12%、26%。2000—2017 年东北亚终端能源消费量如图 1-8 所示。2017 年，东北亚终端化石能源比重达 72%，其中煤炭、石油、天然气消费比重分别为 36%、29%、7%；电能消费稳步增长，比重提高到 20%；热能消费增长趋缓，比重提高到 7%。2017 年东北亚终端能源消费结构如图 1-9 所示。

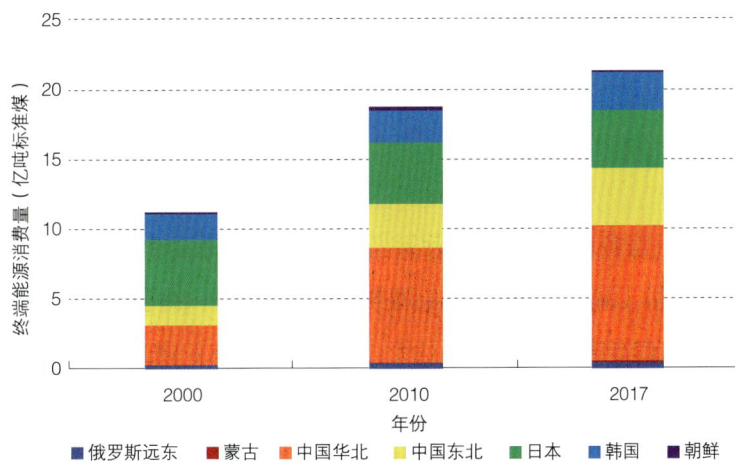

图 1-8　2000—2017 年东北亚终端能源消费量

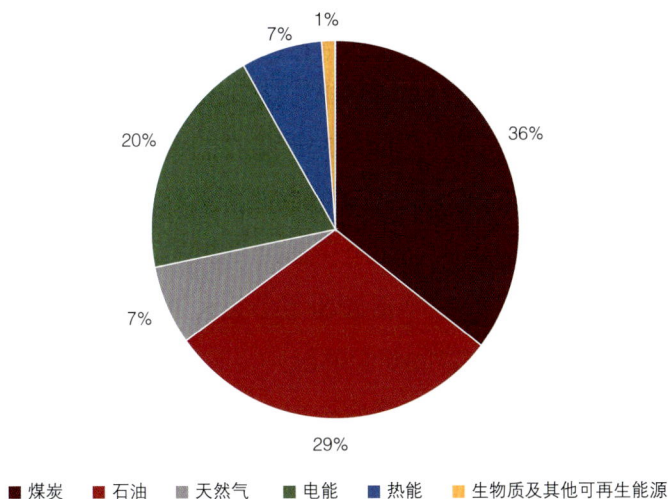

图 1-9　2017 年东北亚终端能源消费结构

　　温室气体排放量大，受气候灾害影响严重，存在颗粒物污染、土地荒漠化等环境问题，亟须能源电力清洁转型。东北亚温室气体排放呈持续增长态势。1990—2017 年，化石能源燃烧产生的二氧化碳年排放量从 58 亿吨增加到约 130 亿吨，占全球比例从 28% 增加到 39%（中国、俄罗斯按整个国家计入）[❶]。气候变化导致东北亚极端气候事件出现频率增加、强度加大，影响

---

　❶ 数据来源：国际能源署（IEA），化石能源燃烧 CO_2 排放，2019。

该地区发展与稳定。2018年7月东北亚热浪事件导致日本、韩国上百人死亡。2018年台风"飞燕"和洪水给日本带来了125亿和95亿美元的经济损失，共造成约250人死亡[1]。1990—2017年东北亚分品种化石能源燃烧产生的二氧化碳如图1-10所示。

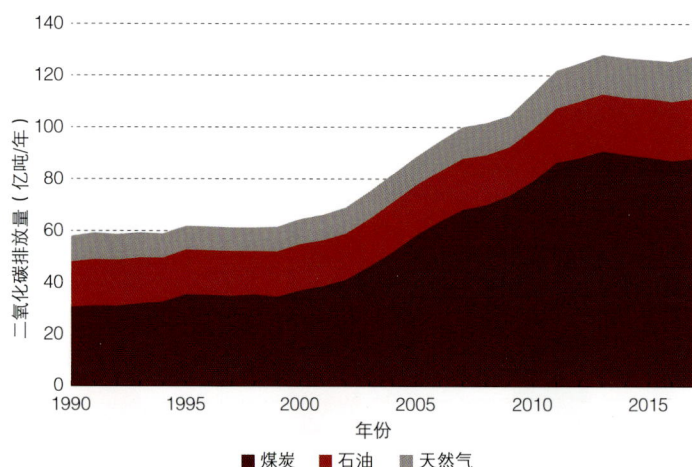

图1-10　1990—2017年东北亚分品种化石能源燃烧产生的二氧化碳

化石能源燃烧和大规模植被破坏导致严重烟霾污染问题，危害人类健康。 在全球细颗粒物浓度最高的31个特大城市中，有5个位于东北亚[2]。受土壤侵蚀、农地盐碱化、沙尘暴影响，蒙古、中国东北和华北地区存在大面积土地退化和荒漠化问题。蒙古自然环境和旅游部最新数据显示，该国76.8%的土地已遭受不同程度荒漠化，且荒漠化仍以较快的速度蔓延[3]。

化石能源高度依赖域外进口，存在较大安全风险。 东北亚主要经济体如中国、日本、韩国等地区油气进口量大、比例高、进口地集中。2017年，中国、日本和韩国的石油进口量分别为4.6亿、1.5亿、1.2亿吨，对外依存度分别为71%、100%、100%，中国、日本和韩国的天然气进口量分别为950亿、1130亿、602亿立方米，对外依存度分别为34%、100%、100%。中国65%的石油进口，日本和韩国80%的石油进口来源于沙特、阿联酋等西亚国家。2014年西亚石油供应中断量一度高达300万桶/日，占西亚石油日均产量的10%左右，造成国际油价剧烈波动。预计东北亚经济发展、人口增长将拉动油气消费继续增长，能源安全风险进一步加大。原油供应中断情况预测如图1-11所示。

---

[1] 数据来源：灾害流行病学研究中心（CRED），自然灾害，2018。
[2] 数据来源：联合国环境规划署（UNEP），全球环境展望6——亚太区域报告，2016。
[3] 数据来源：联合国欧洲经济委员会（UNECE），蒙古环境绩效评估，2018。

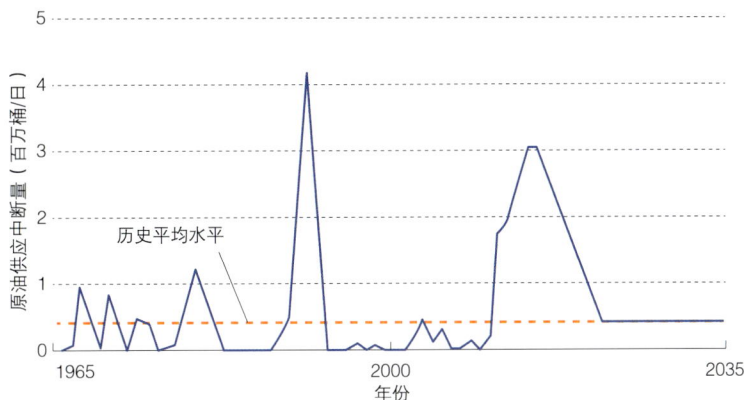

图 1-11　原油供应中断情况预测❶

　　资源和市场互补性强。日本、韩国、朝鲜等国能源资源紧缺，但消费需求较大，主要依赖域外进口化石能源来满足。2017 年，日本和韩国能源进口量约占总消费的 93% 和 88%，且以域外化石能源进口为主；朝鲜平均通电率仅为 43.9%，未来朝鲜经济发展将拉动能源需求迅速增长。区域内俄罗斯、蒙古等国清洁能源资源丰富、种类多、分布广，互补性强，但开发比例较低。若发挥区域内清洁能源资源优势，形成大规模开发和电力互联互通，不仅能满足日本、韩国、朝鲜巨大的能源需求，实现清洁化发展，还能带动俄罗斯、蒙古清洁能源产业发展。依托加强区域内各国间的能源电力合作，形成良性域内资源需求与供给联动，推动区域经济整体发展。

　　为应对气候变化，东北亚各国均签署了《巴黎协定》，制定了应对气候变化国家自主贡献目标和中长期减排战略。中国承诺 2030 年前实现二氧化碳排放达峰，并将非化石能源在一次能源消费中的占比提高到 20%，实现碳排放强度相较于 2005 年降低 60%~65%❷。日本承诺 2030 年温室气体排放相较于 2013 年减少 26%❸，2050 年温室气体排放量相较于当前水平降低 80%❹。韩国、朝鲜和蒙古分别承诺 2030 年温室气体排放量相比基准情景❺减少 37%❻、8%❼和 14%❽。俄罗斯承诺 2030 年温室气体排放量相比 1990 年减少 25%~30%❾。

---

❶ 数据来源：英国石油公司（BP），2035 世界能源展望，2015。
❷ 数据来源：中国政府，中国国家自主贡献，2016。
❸ 数据来源：日本政府，日本国家自主贡献，2016。
❹ 数据来源：日本环境省，全球变暖对策计划，2016。
❺ 基准情景下，2030 年韩国、朝鲜、蒙古温室气体排放量分别为 8.5 亿、1.9 亿、0.5 亿吨二氧化碳当量。
❻ 数据来源：韩国政府，韩国国家自主贡献，2016。
❼ 数据来源：朝鲜政府，朝鲜国家自主贡献，2016。
❽ 数据来源：蒙古政府，蒙古国家自主贡献，2016。
❾ 数据来源：俄罗斯政府，俄罗斯国家自主贡献，2016。

1.2.2　电力发展

电力消费占亚洲电力消费总量比重大，人均用电量相对较高。2017 年东北亚总用电量约 3.4 万亿千瓦时，用电量年均增速约 1.2%。电力消费主要分布在中国华北、日本和韩国。2017 年中国华北、中国东北、日本和韩国用电量分别占东北亚总用电量的 41%、13%、28% 和 15%。除蒙古和朝鲜外，东北亚其他区域电力可及率均达到 100%。2017 年东北亚年人均用电量约 5640 千瓦时，与世界平均水平基本持平。东北亚各地区中，年人均用电量最高的是韩国，达到 1 万千瓦时。蒙古和朝鲜年人均用电量相对较低，分别为 2000 千瓦时和 530 千瓦时。2017 年东北亚电力发展现状见表 1-2。

表 1-2　2017 年东北亚电力发展现状

国家/地区	装机容量（万千瓦）	用电量（亿千瓦时）	年人均用电量（千瓦时）	最大负荷（万千瓦）	电力普及率（%）
俄罗斯远东	1645	420	6674	704	100
蒙古	145	64	2090	110	86
中国华北	39739	13941	5325	22906	100
中国东北	12702	4502	3702	6333	100
日本	33200	9462	7422	15708	100
韩国	12291	5118	10039	8513	100
朝鲜	931	137	536	240	44
合计	100653	33644	5636	54514	—

清洁能源装机占比低，装机结构以火电为主。2017 年东北亚总装机容量约 10.1 亿千瓦，其中清洁能源装机容量约 3.4 亿千瓦，占总装机容量的比重约为 34%；火电装机容量约 6.7 亿千瓦，占总装机容量的比重约为 66%。2017 年东北亚电源装机结构如图 1-12 所示。2017 年东北亚人均装机容量约 1.69 千瓦，高于世界平均人均装机水平。中国华北、中国东北、日本和韩国装机容量较大，分别为 4 亿、1.3 亿、3.3 亿、1.2 亿千瓦，占东北亚装机总量的比重分别为 40%、13%、33% 和 12%。2017 年东北亚清洁能源发电量约 0.7 万亿千瓦时，占总发电量的比重为 20%；火电发电量约 2.8 万亿千瓦时，占总发电量的比重为 80%。2017 年东北亚发电量结构如图 1-13 所示。

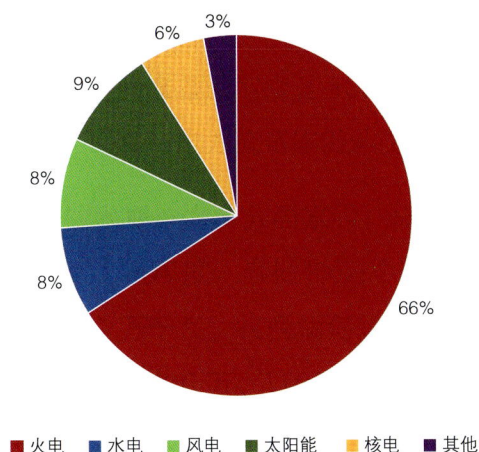

图 1-12　2017 年东北亚电源装机结构

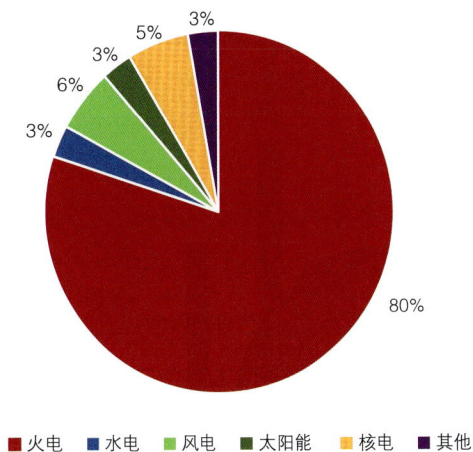

图 1-13　2017 年东北亚发电量结构

　　区域内能源电力贸易规模较小，跨国电网互联薄弱。双边电力互联通道主要有中国—俄罗斯、中国—蒙古和蒙古—俄罗斯。东北亚电网互联以 220 千伏及以下电压等级点对网送电为主，目前年交易电量不足 50 亿千瓦时。朝鲜、韩国和日本尚无跨国联网通道。东北亚电网互联现状示意如图 1-14 所示。

图 1-14　东北亚电网互联现状示意图

　　清洁能源资源特性互补性强。俄罗斯水电呈现"冬枯夏丰"特点，而俄罗斯远东和蒙古风能资源具有"冬大夏小"特性，区域水电和风电季节互补性明显。俄罗斯勒拿河水电最大出力出现在5—6月，阿穆尔河水电最大出力在8—9月，不同流域水电具有一定互补性。东北亚清洁能源资源互补特性如图1-15所示。

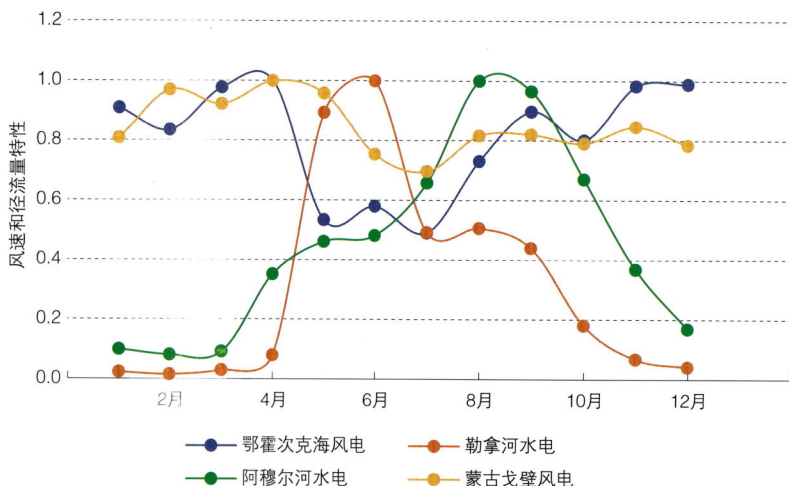

图 1-15　东北亚清洁能源资源互补特性[1]

　　电力需求季节差异明显。受气候条件影响，中国华北、日本、韩国和朝鲜年负荷峰值出现在夏季，而俄罗斯、蒙古和中国东北年负荷峰值出现在冬季。东北亚负荷季节特性如图1-16所示。

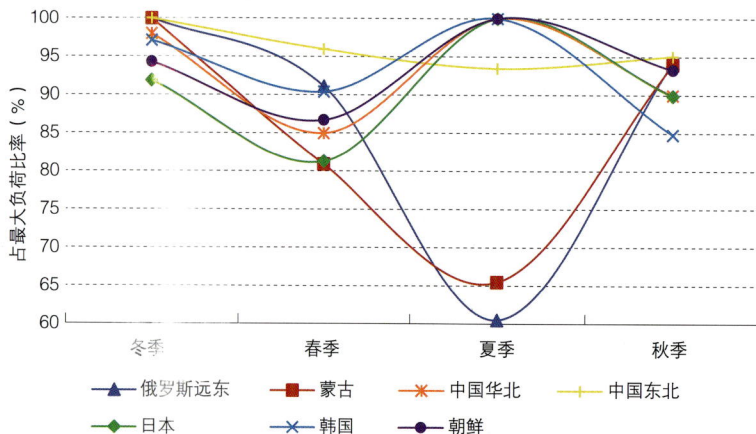

图 1-16　东北亚负荷季节特性[2]

---

[1] 数据来源：Basin Data Explorer。
[2] 数据来源：俄罗斯科学院西伯利亚分院能源系统研究所、韩国能源经济研究所。

　　技术和资金互补性强。日本、韩国不仅经济发展水平较高，而且是创新大国和制造业强国，在高端制造、新能源、环境保护等领域具有较强优势，可为区域内清洁能源发展提供资金和技术支持。中国在智能电网、特高压等领域积累的技术和经验为区域内电力互联互通奠定了良好基础。截至 2019 年年底，中国已建成特高压输电工程 24 个，第一条特高压工程已安全运行 10 年。俄罗斯、蒙古、朝鲜等国清洁能源资源丰富，且具有较强的开发意愿。各国间的协同合作不仅能解决清洁能源开发的大规模资金需求，还能实现区域内清洁能源相关产业的联动，形成资金、技术、人才的优化配置，提高经济发展效率。

　　清洁发展成为各国能源电力发展的主要目标。俄罗斯提出到 2030 年核电占比将达到 20%，可再生能源发电达到 20%，水电仍然是可再生能源发电中的主力军，风电装机容量将在非水可再生能源装机中占据第一[1]。蒙古提出到 2023 年和 2030 年可再生能源装机容量占总装机容量的比例分别达到 20% 和 30%，以减少对化石能源的依赖和降低能源领域碳排放[2]。中国提出到 2030 年非化石能源占一次能源比重达到 20% 的能源发展战略目标[3]。日本到 2030 年可再生能源发电占比目标为 22%～24%，届时将实现零排放电力占 44% 的目标，并希望在 2050 年实现从"低碳化"迈向"脱碳化"的能源转型新目标，让清洁能源成为主流[4]。韩国提出 2030 年前超过 95% 的新增装机集中在风电和光伏，到 2030 年光伏和风电装机容量占总装机容量的比重分别达到 57% 和 28%，可再生能源发电量占总发电量的比重达到 20%[5]。

1.3 可持续发展思路

1.3.1 全球能源互联网发展理念

　　能源发展方式的不合理是引发全球可持续发展挑战的关键因素，化石能源的大量消耗导致全球资源匮乏、环境污染、气候变化、健康贫困等一系列严重问题。应对挑战，走可持续发展之路，实质就是推动清洁发展。构建全球能源互联网，为推动世界能源转型、加快清洁发展提供了根本方案。全球能源互联网是能源生产清洁化、配置广域化、消费电气化的现代能源体系，是清洁能源在全球范围大规模开发、输送和使用的重要平台，实质就是"**智能电网+特高压电网+清洁能源**"。

---

[1] 数据来源：俄罗斯能源部，俄罗斯能源战略 2030，2010。
[2] 数据来源：蒙古能源部，蒙古能源部门现状报告，2016。
[3] 数据来源：中国国家发改委，可再生能源发展"十三五"规划，2016。
[4] 数据来源：日本经济产业省，第 5 次能源基本计划，2018。
[5] 数据来源：韩国贸易与工业能源部，可再生能源执行计划（RE3020），2017。

构建全球能源互联网，将加快推动**"两个替代、一个提高、一个回归、一个转化"**。

两个替代

能源开发实施清洁替代，以水能、太阳能、风能等清洁能源替代化石能源；能源消费实施电能替代，以电代煤、以电代油、以电代气、以电代柴，用的是清洁发电。

一个提高

提高电气化水平和能源效率，增大电能在终端能源消费中的比重，在保障用能需求的前提下降低能源消费量。

一个回归

化石能源回归其基本属性，主要作为工业原料和材料使用，为经济社会发展创造更大价值、发挥更大作用。

一个转化

通过电力将二氧化碳、水等物质转化为氢气、甲烷、甲醇等燃料和原材料，破解资源困局，满足人类永续发展需求。

构建全球能源互联网，加快形成清洁主导、电为中心、互联互通、共建共享的能源系统，能够极大地促进能源开发、配置和消费全环节转型，让人人获得清洁、安全、廉价和高效的能源，开辟一条以能源清洁发展推动全球可持续发展的科学道路。

1.3.2 东北亚能源互联网促进东北亚可持续发展

东北亚可持续发展需秉持绿色低碳发展理念，坚持发展与转型并举，统筹东北亚各国目标与诉求，推动东北亚经济全面均衡发展，促进产业绿色低碳转型升级，全面落实《巴黎协定》2 摄氏度乃至 1.5 摄氏度温控目标，深化区域全方位协同合作，实现东北亚更为公平和均衡的可持续发展。

经济方面	社会方面	合作方面	环境方面
以能源清洁发展推进产业发展绿色转型，促进东北亚各国互联互通、产业升级转型、增进贸易往来。	提高电力普及率，促进东北亚均衡发展，不断提升社会福祉，强化社会包容性可持续发展。	以能源合作为龙头，推动区域能源市场合作，助力东北亚区域一体化发展。	加大温室气体和各类污染物排放控制力度，积极应对气候变化，推动生态文明建设。

实现东北亚可持续发展，关键是加快开发清洁能源，加强能源基础设施互联互通，构建东北亚能源互联网，打造清洁能源大规模开发、大范围输送和高效率使用平台，保障安全、充足、经济、高效的能源供应，加速实现绿色低碳发展。东北亚能源互联网是全球能源互联网的重要组成部分，**东北亚能源互联网总体思路是**基于东北亚能源供需不平衡、清洁能源分布不均衡、大范围优化配置能源任务紧迫的现状，着力构建大型清洁能源基地，打造大容量、高效率、紧密互联的清洁电力配置网络，以互联互通方式确保能源安全可靠供应，注重各国共同参与、合作开发、协同发展，携手建设清洁低碳高效、多能互补互济、区域共建共享的东北亚能源互联网，为地区和平稳定和发展繁荣提供坚强保障，实现经济和社会、资源和环境、人与自然协调可持续发展。

加快清洁能源开发，以绿色发展保障区域能源安全。以大型基地开发为主，分布式开发为辅，开发俄罗斯远东、蒙古、中国东北和华北的清洁能源基地，降低区域化石能源对外依存度，保障能源安全、清洁、高效供应，为新形势下东北亚经济增长提供坚强支撑。

提高电能消费比重，以电为中心实现低碳高效发展。提高电气化水平和能源利用效率，转变高污染高排放的发展路径，打造以电为中心的能源消费结构，摆脱对化石能源依赖，推动应对气候变化和保护生态环境，为东北亚人民生产生活提供高质量能源电力保障。

推动能源优化配置，以互联电网搭建合作共赢纽带。加快建设和升级各国国内电网，实施跨国联网工程，构建跨国电力市场，破解能源资源和需求分布不平衡矛盾，打造清洁能源大范围优化配置平台，使东北亚能源互联网成为区域合作的重要载体。

能源电力发展趋势与展望

围绕促进东北亚经济、社会和环境的全面协调可持续发展，实现《巴黎协定》2摄氏度温控目标，综合考虑资源、人口、经济、产业、技术、气候和环境等因素，对东北亚能源电力发展趋势进行研判。东北亚能源供应向清洁主导方向发展，能源消费向电为中心方向发展。随着风电和太阳能发电成本的快速下降，清洁能源装机规模和速度快速提升，电力供应呈现清洁化和多元化发展趋势。

2.1 能源需求

2.1.1 一次能源

一次能源需求进入平台期后缓慢下降。按发电煤耗法计算，2017—2035年，日本、韩国能源需求减量与区域内其他国家需求增量相当，东北亚一次能源需求处于平台期，总量保持在30亿吨标准煤左右，2025年达到峰值，约30.5亿吨。2035年后，中国华北能源需求保持稳定，中国东北能源需求下降，东北亚一次能源需求开始缓慢下降，2050年降至29.1亿吨标准煤，较2017年下降3%，2017—2050年年均增速-0.1%。**人均一次能源需求小幅提升。**2017—2050年，东北亚人均能源需求从5吨标准煤提升至5.1吨，其中，日本、韩国人均需求分别下降11%、22%至4.5、6吨标准煤，中国华北、东北人均需求分别稳步提升至5.6、4.5吨标准煤，蒙古、朝鲜人均需求分别大幅提升75%、300%，达到4.4、3.8吨标准煤。东北亚一次能源需求预测如图2-1所示。

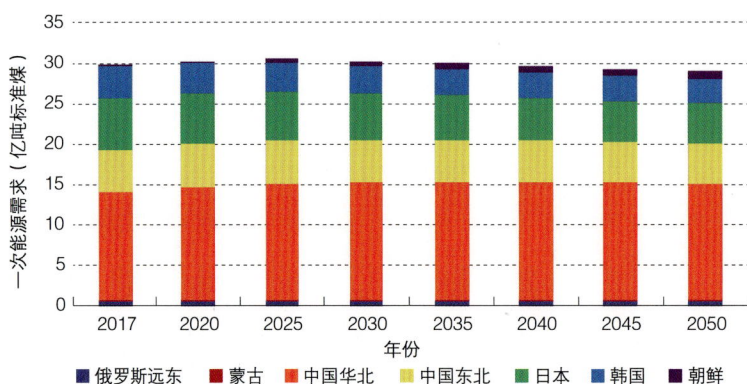

图 2-1 东北亚一次能源需求预测

中国华北能源需求占东北亚总需求比重大，朝鲜、蒙古能源需求增速较快，日本、韩国逐年下降。2017—2050年，中国华北一次能源需求由13.4亿吨标准煤增至14.4亿吨标准煤，年均增速0.2%，占东北亚总需求的比重由45%提升至50%。朝鲜、蒙古能源需求增长快，2050年分别达到1.0亿、0.2亿吨标准煤，年均增速4.5%、2.6%，均高于亚洲平均水平。日本和韩国的能源需求逐年下降，年均下降0.9%、0.7%，中国东北、俄罗斯远东能源需求也呈下降趋势，年均下降 0.1%、0.5%。2017—2050 年东北亚一次能源需求年均增长率预测如图 2-2 所示。

图 2-2　2017—2050 年东北亚一次能源需求年均增长率预测

煤炭、石油需求在 2025 年后快速下降，天然气需求 2035 年左右达峰，能源结构逐步从化石能源主导向清洁能源主导转变。2017—2025 年，东北亚煤炭、石油需求稳步下降，年均分别下降 2%、1.4%，其中煤炭的减量主要来自中国华北，石油的减量主要来自日本和韩国。2025—2050 年，煤炭和石油需求加速下降，降速分别为 4.6%、2.6%，2050 年需求分别为 4.5 亿吨、3.2 亿吨标准煤，较 2017 年分别下降约 75%、55%。天然气需求在 2035 年左右达到峰值，约 3.7 亿吨标准煤，2050 年下降至 2.9 亿吨标准煤，与 2017 年水平相当。风、光等可再生能源需求快速增长，2050 年达到 13.6 亿吨标准煤，年均增速达到 8%，占一次能源比重达到 51%。东北亚一次能源分品种需求预测如图 2-3 所示。2050 年，东北亚煤炭、石油和天然气占一次能源比重分别下降至 14%、6% 和 10%，清洁能源占一次能源比重从 2017 年的 10% 大幅提高到 70%❶，

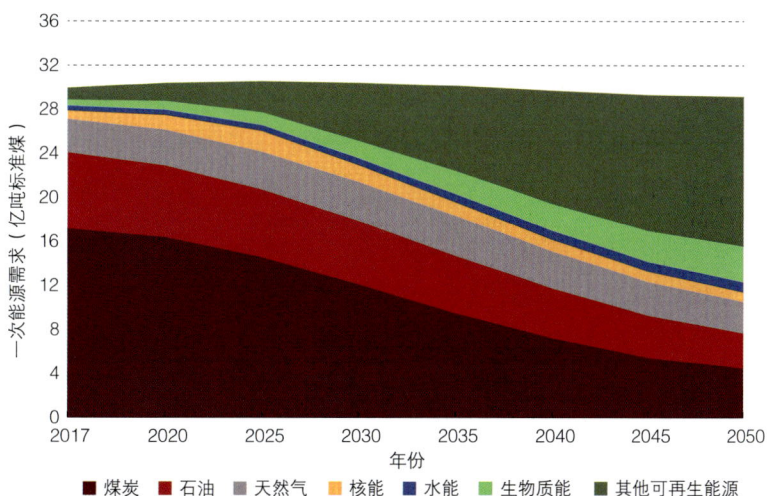

图 2-3　东北亚一次能源分品种需求预测

---

❶ 计算化石能源、清洁能源占一次能源比重时，不计入化石能源非能利用，下同。

预计 2040 年前，清洁能源将超越化石能源成为东北亚主导能源。中国华北、日本、韩国清洁能源占一次能源比重较高，2050 年分别达到 73%、73%、67%，蒙古、俄罗斯远东清洁占比较低，为 58%、48%。东北亚清洁能源占一次能源需求比重如图 2-4 所示。

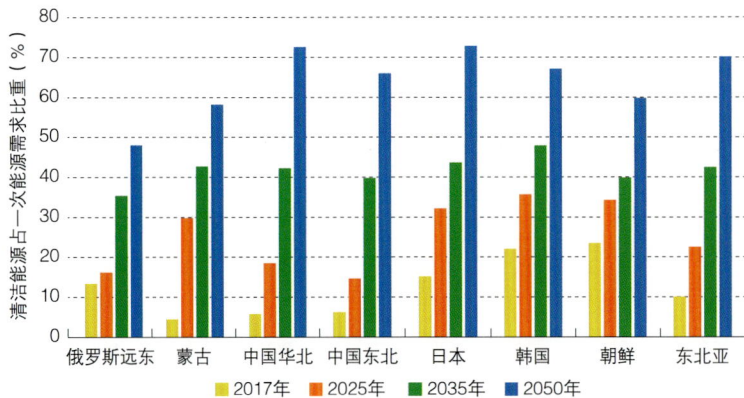

图 2-4 东北亚清洁能源占一次能源需求比重

2.1.2 终端能源

东北亚终端能源需求逐步下降，2025 年后加速下降。2017—2025 年，东北亚终端能源需求从 21.1 亿吨标准煤缓慢下降至 20.8 亿吨标准煤，年均下降 0.2%；2025 年后加速下降，2050 年降至 17.3 亿吨标准煤，2025—2050 年年均下降 0.7%。**能源需求格局从工业为主向均衡化方向演变。**工业部门中，中国华北、东北以及日本、韩国工业用能下降与其他地区增量相当，2050 年东北亚工业用能下降至 6.6 亿吨标准煤，年均下降 1.6%，占终端用能比重较 2017 年下降 15 个百分点至 38%。建筑部门中，商业用能、数据中心用能需求的增量与用能效率提升所带来的能源节约水平相当，2050 年建筑部门用能达到 5.4 亿吨标准煤，与 2017 年水平接近，占终端用能比重提升 5 个百分点至 31%。交通部门中，不断提高的居民出行以及现代化物流需求拉动交通部门用能持续增长，2035 年达到 3.1 亿吨标准煤，此后由于电动汽车、氢能交通工具的推广应用，交通用能效率快速提升，能源需求缓慢下降，2050 年降至 2.7 亿吨标准煤，2017—2050 年年均增速 0.1%，占终端用能比重提升 4 个百分点至 16%。化石能源利用方式由直接燃烧回归其原材料属性，2050 年非能利用方式用能需求增长至 2.6 亿吨标准煤，占终端用能比重为 15%。东北亚终端各部门能源需求预测如图 2-5 所示。

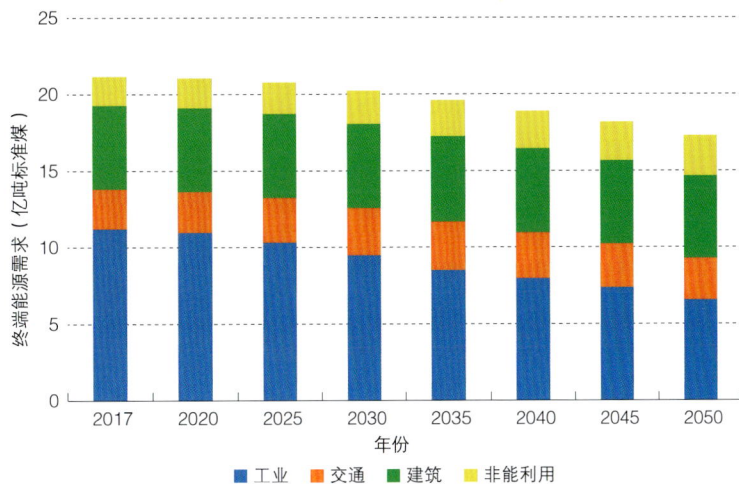

图 2-5 东北亚终端各部门能源需求预测

终端能源"电为中心"趋势明显，电能 2030 年左右成为占比最高的终端能源品种。
2017—2050 年，化石能源占终端能源比重由 69%降至 16%，2050 年煤炭、石油、天然气
需求分别降至 1.5 亿、2.4 亿、0.9 亿吨标准煤，较 2017 年下降 80%、61%、38%。同一时
期，发电能源占一次能源比重从 36%提高到 64%，电能占终端能源比重从 22%提高到 53%，
预计 2030 年左右，电能将超过煤炭成为占比最高的终端能源品种。2050 年日本、韩国电
能占终端能源比重分别达到 70%、60%，蒙古、俄罗斯远东电能占比较低，为 35%、31%。
东北亚终端能源分品种需求和电能占比如图 2-6 所示，东北亚电能占终端能源需求比重如
图 2-7 所示。

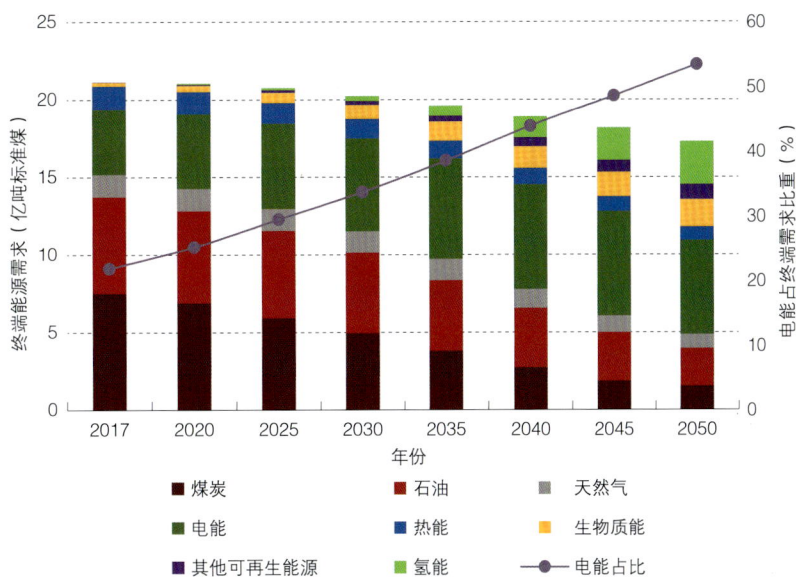

图 2-6 东北亚终端能源分品种需求和电能占比

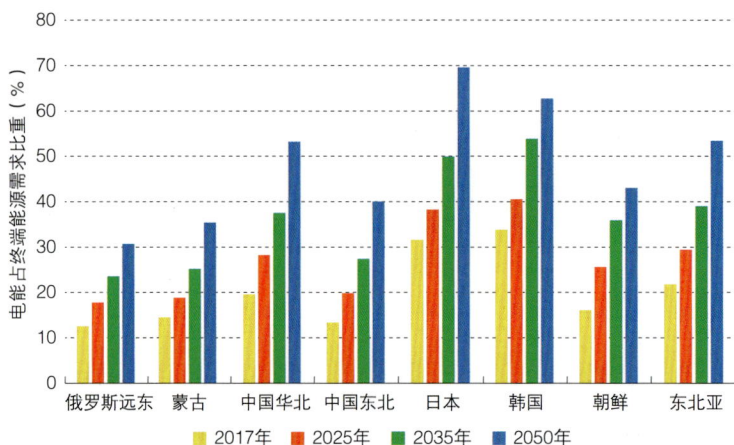

图 2-7　东北亚电能占终端能源需求比重

终端各部门电能占比不断提高，建筑部门最高、交通部门增幅最大。2017—2050 年，东北亚大部分国家和地区工业化进程仍将持续，基于电能的中高端制造业规模进一步扩大，用电生产线和电炉将逐步成为制造业主力设备，工业部门电能占比从 22% 提升至 52%。交通部门中，随着电动汽车、电气化轨道交通和氢能交通工具的大范围普及，部门电气化率快速上升，电能占比将从 3% 大幅提升至 44%。建筑部门是电气化水平最高的终端用能部门，未来提升潜力主要是居民采暖/制冷的深度电气化，以及 5G、数据中心等用电行业的快速发展，建筑部门电能占比从 31% 提高到 57%。东北亚各部门终端电能占比预测如图 2-8 所示。

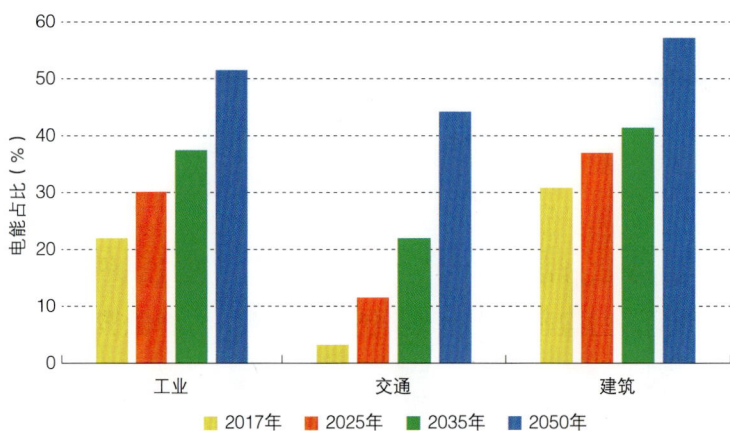

图 2-8　东北亚终端各部门电能占比预测

2.2　电力需求

东北亚电力需求总量稳步增长，不同地区增速差别较大。2025 年、2035 年和 2050 年东北亚用电量分别达到 4.5 万亿、5.5 万亿千瓦时和 6.4 万亿千瓦时。2050 年东北亚用电量约增长至 2017 年的两倍。2017—2025 年、2026—2035 年和 2036—2050 年东北亚用电量年均增长率分别为 3.7%、2% 和 1%。东北亚用电量预测见表 2-1。2025、2035 年和 2050 年东北亚最大负荷分别达到 7.3 亿、9.1 亿千瓦和 10.7 亿千瓦。2050 年东北亚最大负荷约增长至 2017 年的两倍。2017—2025 年、2026—2035 年和 2036—2050 年东北亚最大负荷年均增长率分别为 3.7%、2.2% 和 1.1%。东北亚最大负荷预测见表 2-2。朝鲜和蒙古保持相对较高的用电量增速；俄罗斯远东、中国华北和东北在 2025 年前保持高速增长，后逐渐趋缓；日本和韩国用电量增速相对稳定。

表 2-1 东北亚用电量预测

国家/地区	用电量（亿千瓦时）				用电量增速（%）		
	2017	2025	2035	2050	2017—2025	2026—2035	2036—2050
俄罗斯远东	420	596	755	880	4.5	2.4	1.0
蒙古	64	97	172	319	5.3	5.9	4.2
中国华北	13941	20989	26049	31607	5.2	2.2	1.3
中国东北	4502	5844	7061	8449	3.3	1.9	1.2
日本	9462	10960	12713	13428	1.9	1.5	0.4
韩国	5118	6025	6960	7260	2.1	1.5	0.3
朝鲜	137	430	1090	1840	15.4	9.7	3.6
东北亚	33644	44941	54800	63783	3.7	2.0	1.0

表 2-2 东北亚最大负荷预测

国家/地区	最大负荷（万千瓦）				最大负荷增速（%）		
	2017	2025	2035	2050	2017—2025	2026—2035	2036—2050
俄罗斯远东	704	961	1220	1455	4.0	2.4	1.2
蒙古	110	164	297	559	5.2	6.1	4.3
中国华北	22906	33997	42721	52111	5.1	2.3	1.3
中国东北	6333	8549	10434	12640	3.8	2.0	1.3
日本	15708	18799	21983	24415	2.3	1.6	0.7
韩国	8513	9877	11797	12517	1.9	1.8	0.4
朝鲜	240	796	2057	3680	16.2	10.0	4.0
东北亚	54514	73143	90509	107377	3.7	2.2	1.1

中国华北和东北、日本、韩国依然是东北亚主要电力消费地区。2050 年中国华北和东北用电量分别达到 3.2 万亿、8449 亿千瓦时，占整个区域 50% 和 13%；日本约 1.3 万亿千瓦时，占

整个区域的 21%；韩国 7260 亿千瓦时，占整个区域的 11%；朝鲜约 1840 亿千瓦时；俄罗斯远东 880 亿千瓦时；蒙古约 319 亿千瓦时。东北亚用电量占比预测如图 2-9 所示。

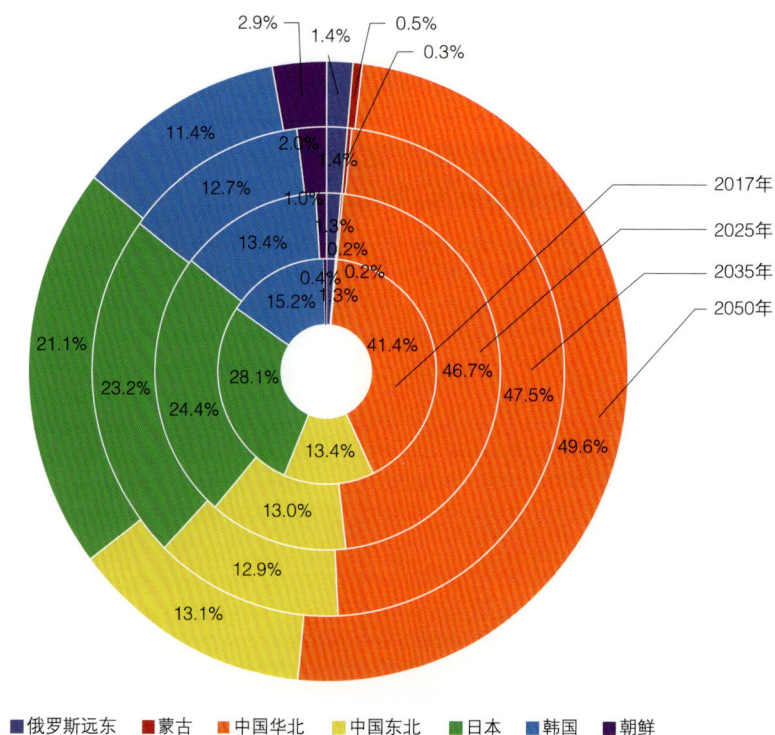

图 2-9　东北亚用电量占比预测

人均用电量增长迅速。2050 年东北亚年人均用电量达到 1.1 万千瓦时，约是 2017 年的两倍。受人口和经济发展的双重影响，俄罗斯远东和韩国年人均用电量相对较高，2050 年将达到 1.4 万千瓦时；中国华北、中国东北和日本年人均用电量均超过 1 万千瓦时；朝鲜和蒙古年人均用电量分别为 6860、7830 千瓦时。东北亚年人均用电量预测如图 2-10 所示。

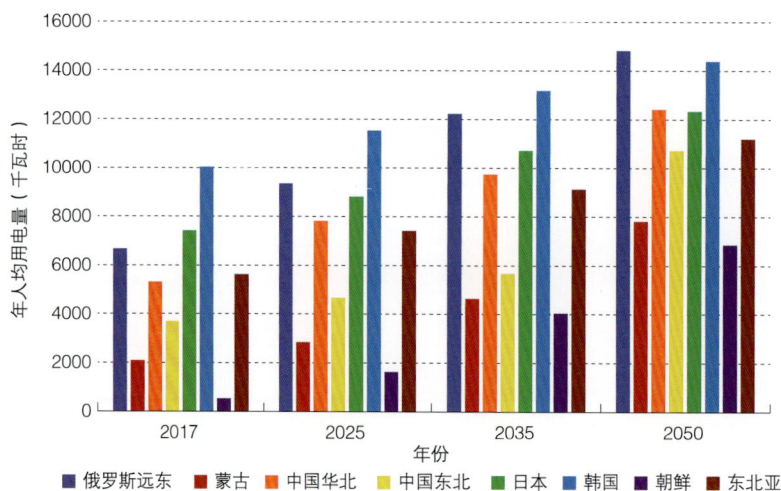

图 2-10　东北亚年人均用电量预测

中日韩新兴电力需求发展趋势

考虑到交通行业未来的电气化发展，加上东北亚整体纬度偏高，冬季供暖（部分地区夏季制冷）能源需求较大，未来电能替代的主要方向为电动乘用汽车、电动货运汽车和电制热制冷。本节对未来电能替代电量低中高方案进行展望。

（1）电动乘用汽车

通过人口规模、人均汽车保有量、电动乘用汽车在乘用汽车中的占比，预测未来电动乘用汽车发展规模。结合电动汽车年行驶里程和耗电水平，计算电动乘用汽车未来的电能替代潜力，电动乘用汽车用电量预测如图1所示。单位千米耗电为 α_i 千瓦时，年平均行驶里程为 $l_{r,i}$ 千米，各地区电动汽车总数为 N_r，则各地区每年电动乘用汽车耗电量计算公式为

$$P_r = \sum_{i=1}^{N_r} \alpha_i l_{r,i} \qquad (1)$$

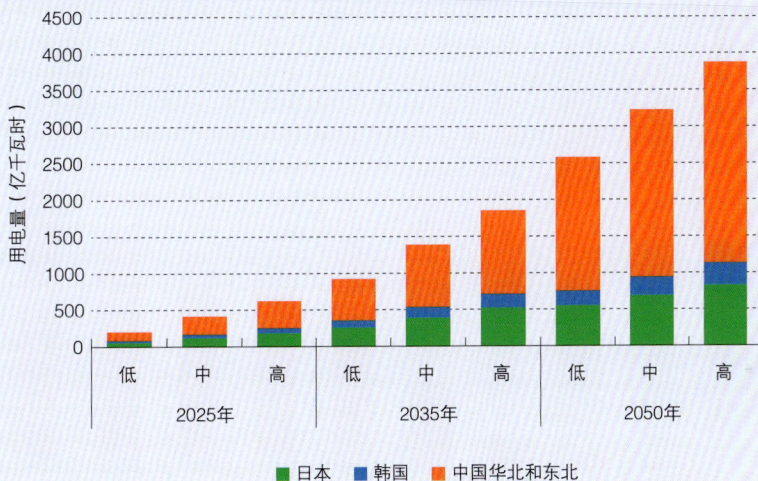

图 1　电动乘用汽车用电量预测

本研究中，电动乘用汽车电耗按 0.2 千瓦时/千米，平均年行驶里程按 1 万～1.2 万千米考虑。

日本： 截至 2018 年 1 月月底，日本乘用汽车总保有量约 6187 万辆，其中电动乘用汽车占比约 0.59%。日本人均乘用汽车保有量约 0.5 辆，平均年行驶里程在 0.8 万～1.6 万千米。预计到 2050 年，日本人均乘用汽车保有量达 0.58 辆，乘用汽车总量为 7000 万辆，电动乘用汽车比例达到 40%～60%，每年电动乘用汽车的电量需求为 557 亿～835 亿千瓦时。

韩国： 截至 2015 年年底，韩国乘用汽车总保有量约 2099 万辆，其中电动乘用汽车占比约 0.5%。韩国人均乘用汽车保有量约 0.41 辆，平均年行驶里程在 0.8 万～1.6 万千米。预计到 2050 年，韩国人均乘用汽车保有量达 0.47 辆，乘用汽车总量为 2500 万辆，电动乘用汽车比例达到 40%～60%，每年电动乘用汽车的电量需求为 200 亿～300 亿千瓦时。

中国华北和东北： 截至 2015 年年底，中国华北和东北乘用汽车总保有量约 5484 万辆，其中电动乘用汽车占比约 0.29%。人均乘用汽车保有量约 0.14 辆，平均年行驶里程在 0.8 万～1.6 万千米。预计到 2050 年，中国华北和东北人均乘用汽车保有量分别为 0.52 辆和 0.48 辆，乘用汽车总量为 2.29 亿辆，电动乘用汽车比例达到 40%～60%，每年电动乘用汽车的电量需求为 1828 亿～2742 亿千瓦时。

（2）电动货运汽车

国家或地区的货运量与 GDP 发展水平密切相关。假设未来东北亚各地区公路货运总量增速与 GDP 增速相同，预测货运周转总量。通过预测电动货运汽车在未来的替代率，结合单位货运周转量耗电水平，可计算出电动货运汽车未来的电能替代潜力，电动货运汽车用电量预测如图 2 所示。每吨千米货运量耗电为 β_i 千瓦时，年平均货运周转量为 $l_{b,i}$ 吨千米，则各地区每年电动货运汽车耗电量计算公式为

$$P_b = \beta_i l_{b,i} \qquad （2）$$

本研究中，电动货运汽车电耗按 0.2 千瓦时/吨千米考虑。

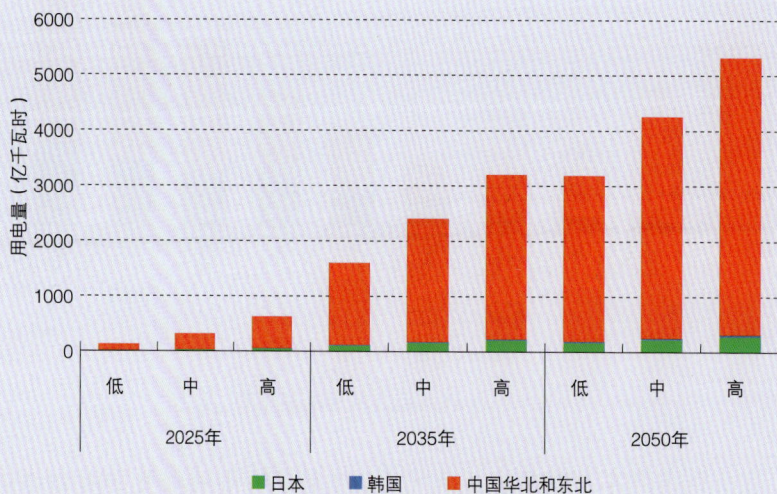

图 2　电动货运汽车用电量预测

日本： 截至 2015 年年底，日本公路货运总量为 2043 亿吨千米。预计到 2050 年，日本公路货运电能替代比例达到 30%～50%，每年电动货运汽车的电量需求为 169 亿～282 亿千瓦时。

韩国： 截至 2015 年年底，韩国公路货运总量为 125 亿吨千米。预计到 2050 年，韩国公路货运电能替代比例达到 30%～50%，每年电动货运汽车的电量需求为 19 亿～31 亿千瓦时。

中国华北和东北： 截至 2015 年年底，中国华北和东北公路货运总量为 46157 亿吨千米。预计到 2050 年，中国华北和东北公路货运电能替代比例达到 30%～50%，每年

电动货运汽车的电量需求为 3007 亿～5012 亿千瓦时。

（3）电制热制冷

东北亚整体处于纬度较高地区，冬季气候寒冷，供暖所需能源量大。预计未来东北

亚制热制冷所需能源为居民能源消费的一半，通过预测东北亚各地区未来居民能源消费及制热制冷电能替代率，对制热制冷所需电量进行预测，如图3所示。

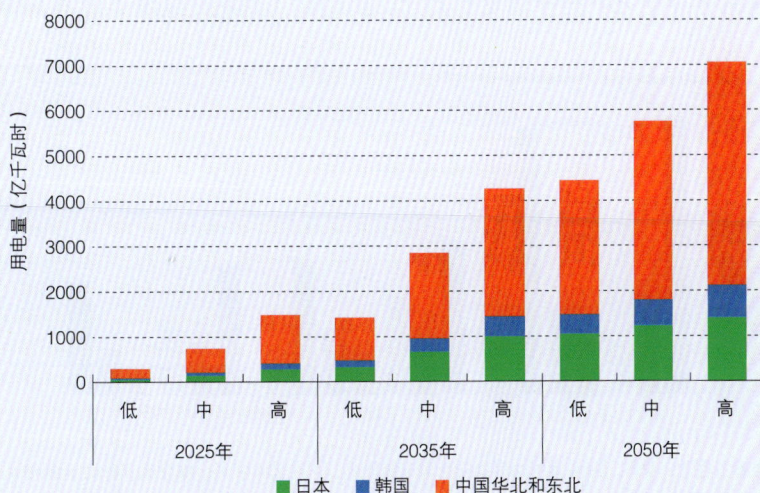

图 3　制热制冷用电量预测

日本：2010 年日本居民用于制热制冷的能量消耗为 1330 亿千瓦时，约占日本居民用能的 1/4。日本国土南北跨越纬度约 20 度，全国各地的气候有很大的不同。因此，日本冬季和夏季对制冷和制热均有需求。预计到 2050 年，日本制热制冷的总能源需求为 3518 亿千瓦时。电能替代比例达到 30%～40%，制热制冷电量需求为 1055 亿～1407 亿千瓦时。

韩国：韩国夏季大部分地区气温超过 30 摄氏度。冬季气温寒冷，内陆地区最低气温

可达－20 摄氏度。预计到 2050 年，韩国制热制冷的总能源需求为 1419 亿千瓦时。电能替代比例达到 30%～50%，制热制冷电量需求为 426 亿～710 亿千瓦时。

中国华北和东北：中国东北地区纬度较高，冬季寒冷，平均气温为－20 摄氏度左右。中国华北地区四季分明，夏季最高气温通常在 30 摄氏度以上。预计到 2050 年，中国华北和东北制热制冷的总能源需求为 9874 亿千瓦时，电能替代比例达到 30%～50%，制热制冷电量需求为 2962 亿～4937 亿千瓦时。

2.3 电力供应

根据东北亚清洁能源资源禀赋和空间分布，结合各国能源电力发展规划，统筹考虑电源、负荷和电网现状及电力外送需求，按照能源电力绿色、低碳和可持续发展原则，统筹各类型电源开发，充分发挥多能互补效益。

清洁能源发电竞争力显著增强。亚洲清洁能源资源丰富，随着清洁能源发电技术的快速发展，预计到 2035 年，集中式开发的陆上风电和光伏发电的平均度电成本将分别下降到 3.0 美分和 1.9 美分，到 2050 年分别下降到 2.4 美分和 1.4 美分。亚洲清洁能源发电度电成本预测如图 2-11 所示。

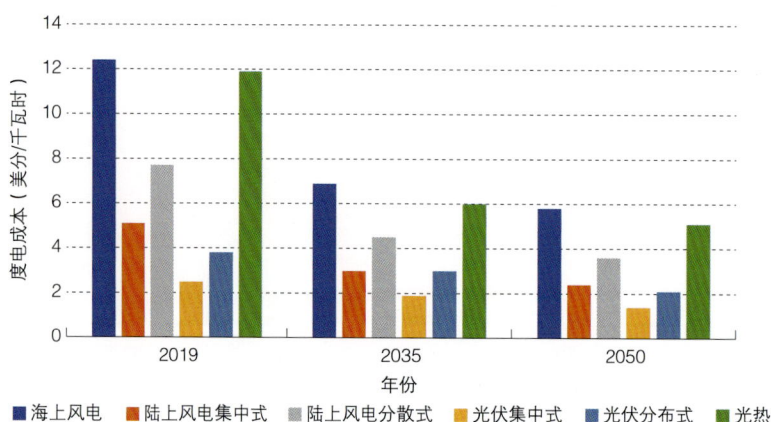

图 2-11 亚洲清洁能源发电度电成本预测

电源装机容量持续快速增长。2025 年、2035 年和 2050 年东北亚电源装机容量分别达到 14.4 亿、20.5 亿千瓦和 28.9 亿千瓦。2017—2025 年、2026—2035 年和 2036—2050 年电源装机容量增长分别达到 44%、42% 和 41%。东北亚电源装机展望如图 2-12 所示。

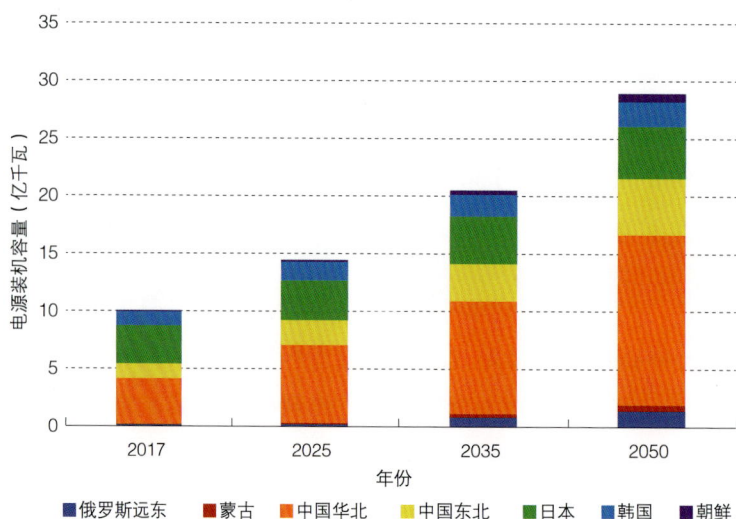

图 2-12 东北亚电源装机展望

　　分类型看，清洁能源装机容量和发电量占比持续提升。2025、2035 年和 2050 年东北亚清洁电源装机容量分别达到 6.7 亿、14.1 亿千瓦和 24.3 亿千瓦，占东北亚总装机容量的比重分别提升至 47%、69% 和 84%。其中，2050 年太阳能和风能占总装机容量的比重分别提升至 32% 和 39%；核电装机容量占总装机容量的比重降低至 2%；水电装机容量占总装机容量的比重保持基本稳定，维持在 8% 左右。2050 年火电装机容量约 4.6 亿千瓦，占总装机容量的比重降至 16%。东北亚电源装机结构如图 2-13 所示。2025、2035 年和 2050 年东北亚清洁能源发电量分别为 1.7 万亿、3.5 万亿千瓦时和 5.6 万亿千瓦时，占东北亚总发电量的比重分别提升至 36%、60% 和 81%。其中，水电发电量分别达到 0.2 万亿、0.3 万亿千瓦时和 0.4 万亿千瓦时，占总发电量的比重分别为 4%、5% 和 6%；太阳能发电量分别达到 0.3 万亿、1.1 万亿千瓦时和 1.9 万亿千瓦时，占总发电量的比重分别为 8%、19% 和 27%；风电发电量分别达到 0.5 万亿、1.4 万亿千瓦时和 2.7 万亿千瓦时，占总发电量的比重分别为 10%、25% 和 39%。

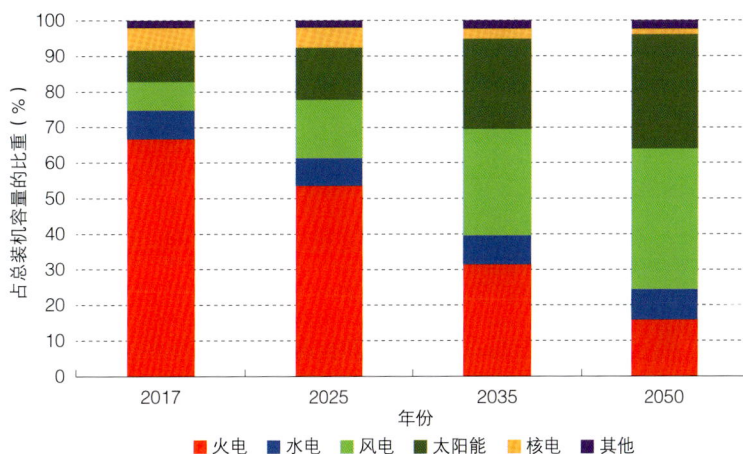

图 2-13　东北亚电源装机结构

　　分区域看，中国华北、中国东北、日本和韩国电源装机容量相对较大，俄罗斯远东和蒙古电源装机容量显著增加。2025、2035 年和 2050 年中国华北装机容量分别达到 6.7 亿、9.8 亿、14.8 亿千瓦，占总装机容量的比重分别为 47%、48% 和 51%；中国东北装机容量分别达到 2.2 亿、3.2 亿、4.9 亿千瓦，占总装机容量的比重分别为 15%、16% 和 17%；日本装机容量分别达到 3.5 亿、4.1 亿、4.6 亿千瓦，占总装机容量的比重分别为 24%、20% 和 16%；韩国装机容量分别达到 1.6 亿、1.9 亿、2.1 亿千瓦，占总装机的比重分别为 11%、9% 和 7%。随着俄罗斯远东和蒙古清洁能源大规模开发与送出，2050 年俄罗斯远东和蒙古装机容量分别达到 1.4 亿千瓦和 5130 万千瓦，占总装机容量的比重分别为 5% 和 2%。2050 年朝鲜装机容量显著提升，达到 7200 万千瓦，占总装机容量的比重为 2%。东北亚各地区电源装机容量占比如图 2-14 所示。

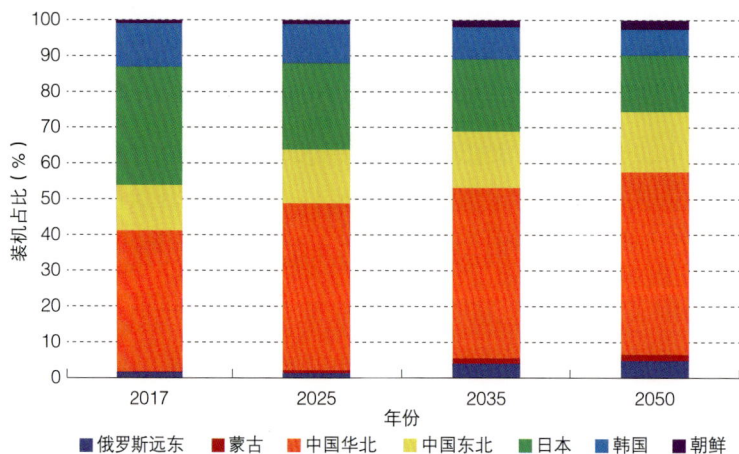

图 2-14　东北亚各地区电源装机容量占比

　　各地区清洁能源发展重点略有不同。蒙古大力开发太阳能和风能资源,2050 年太阳能和风电装机容量分别达到 1100 万千瓦和 2400 万千瓦,分别占蒙古总装机容量的 21% 和 47%。俄罗斯继续开发远东水电与风能资源,2050 年远东水电和风电装机容量分别达到 4400 万千瓦和 8100 万千瓦,分别占俄罗斯远东总装机容量的 31% 和 57%。中国华北逐步降低火电比重,提升风电和太阳能装机占比,2050 年中国华北风电和太阳能装机容量分别达到 5.4 亿千瓦和 6.5 亿千瓦,分别占中国华北总装机容量的 37% 和 44%。中国东北大力开发风能资源,2050 年中国东北风电装机容量达到 3.2 亿千瓦,占中国东北总装机容量的 66%。日本和韩国逐步减少核电装机,同时提高太阳能和风能装机占比,2050 年日本和韩国核电装机容量占总装机容量的比重分别下降至 1% 和 8%,风电装机容量占总装机容量的比重分别提升至 24% 和 23%,太阳能装机容量占总装机容量的比重均提升至 32%。朝鲜 2050 年清洁能源装机容量占总装机容量的比重将达到 74%。东北亚各地区电源装机结构如图 2-15 所示。

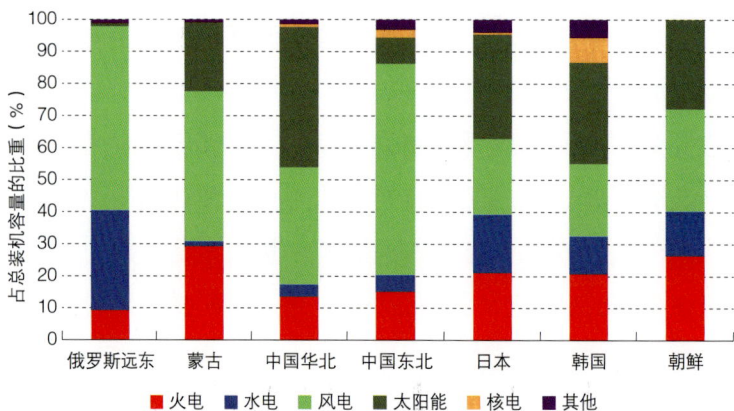

图 2-15　东北亚各地区电源装机结构

3

清洁能源资源开发布局

东北亚清洁能源资源丰富、分布不均，开发利用程度相对较低。需要因地制宜推动清洁能源集中式和分布式协同开发，实现清洁能源的大规模开发和高效利用。综合风、光、降水等气候数据以及地理信息、地物覆盖等数据，对东北亚清洁能源资源及大型基地布局进行研判。

3.1 清洁能源资源分布

3.1.1 水能

东北亚水电资源主要分布在俄罗斯勒拿河和阿穆尔河流域，技术可开发量分别约 4000 万、1450 万千瓦，目前开发比例约 10%。

勒拿河 ▶ ....
全长 4400 千米，流域面积 249 万平方千米，发源于贝加尔山脉的西北麓，最后向北注入北冰洋边缘的拉普捷夫海。资源开发潜力大，技术可开发量约 4000 万千瓦。主要支流有维季姆河、奥廖克马河、阿尔丹河、维柳伊河等。

阿穆尔河 ▶ ....
是流经蒙古、中国和俄罗斯的亚洲大河之一，是中俄界河，全长 4440 千米，流域面积 186 万平方千米，在俄罗斯的尼古拉耶夫斯克注入鄂霍次克海峡。流域年径流量 3465 亿立方米，技术可开发量约 1450 万千瓦。主要支流有松花江、乌苏里江、结雅河、布列亚河等。

3.1.2 风能

东北亚风能资源较好，分布广，理论蕴藏量约 162 万亿千瓦时/年。距地面 100 米高度全年平均风速 2～12 米/秒[1]。全年平均风速大于 7 米/秒的区域主要分布于蒙古南部和中国北部部分地区，属大陆性温带草原气候，风速较高，部分地区年平均风速可达 9 米/秒。

风速低于 5 米/秒的区域主要分布于俄罗斯东部部分地区，当地属温带大陆性气候，部分地区植被覆盖率高，风速较低。东北亚年平均风速分布如图 3-1 所示。

---

[1] 数据来源：VORTEX，风能资源信息数据库。

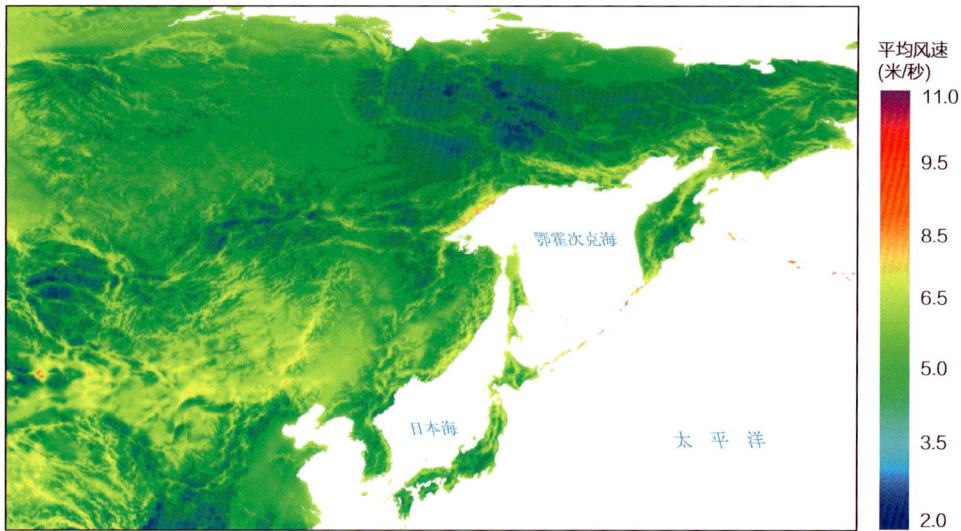

图 3-1 东北亚年平均风速分布示意图

3.1.3 太阳能

   东北亚太阳能资源较为丰富，光伏发电理论蕴藏量约 9189 万亿千瓦时/年。太阳能年总水平面辐射量 600～1800 千瓦时/平方米[1]，大于 1500 千瓦时/平方米的区域主要分布于蒙古西南部以及中国北部部分地区。这些地区光照条件相对较好，植被覆盖率低。太阳能年总水平面辐射量低于 1000 千瓦时/平方米的区域主要分布于俄罗斯远东西伯利亚平原地区以及日本北部部分地区，当地地处亚寒带，纬度较高，光照条件相对较差。东北亚太阳能年总水平面辐射量分布如图 3-2 所示。

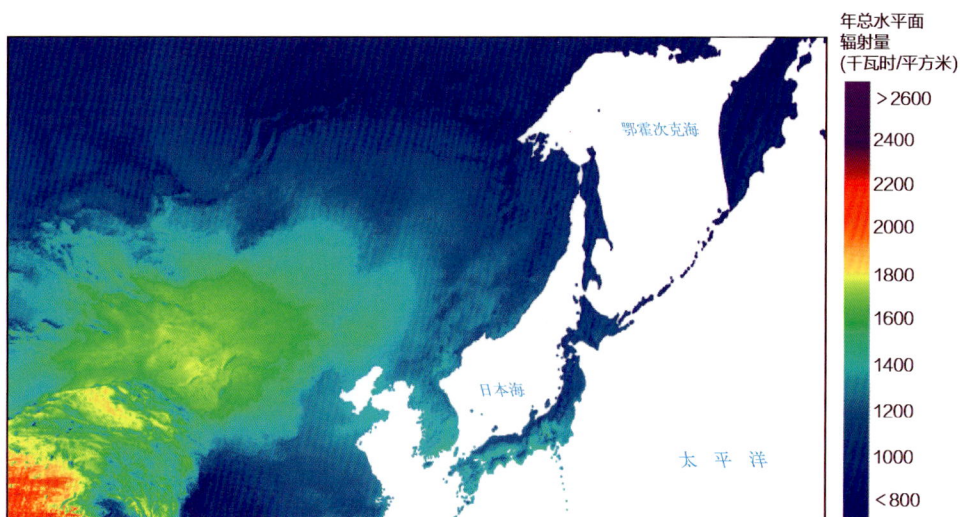

图 3-2 东北亚太阳能年总水平面辐射量分布示意图

---

❶ 数据来源：SOLARGIS，太阳能资源信息数据库。

　　东北亚太阳能光热发电理论蕴藏量约 9953 万亿千瓦时/年，太阳能年法向直接辐射 200～2400 千瓦时/平方米，高于 2000 千瓦时/平方米的区域主要分布于蒙古中部及西南部地区，当地植被覆盖率低，部分地区可达 2400 千瓦时/平方米。太阳能年总法向直射辐射量低于 1000 千瓦时/平方米区域主要分布于俄罗斯远东地区以及日本北部部分地区。该区域地形多为盆地，植被覆盖率较高。东北亚太阳能年总法向直射辐射量分布如图 3-3 所示。

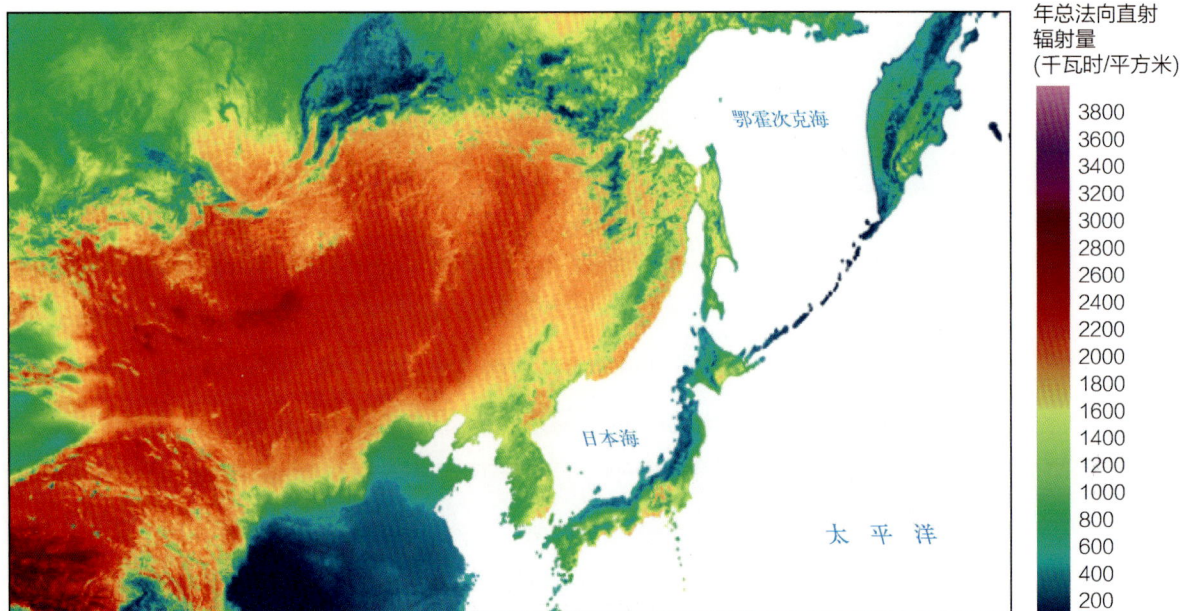

图 3-3　东北亚太阳能年总法向直射辐射量分布示意图

3.2　清洁能源基地布局

　　统筹清洁能源资源分布、开发条件及各国能源电力发展规划，2050 年在东北亚重点开发 2 个流域水电，总装机容量约 4300 万千瓦；27 个风电基地，总装机容量约 5.6 亿千瓦；6 个太阳能基地，总装机容量约 2.3 亿千瓦。

3.2.1　水电基地

　　东北亚主要开发勒拿河和阿穆尔河等流域水电。勒拿河和阿穆尔河流域如图 3-4 和图 3-5 所示，东北亚水电基地装机情况见表 3-1。2050 年勒拿河和阿穆尔河水电装机容量分别为 3200 万千瓦和 1100 万千瓦。

图 3-4 勒拿河流域示意图

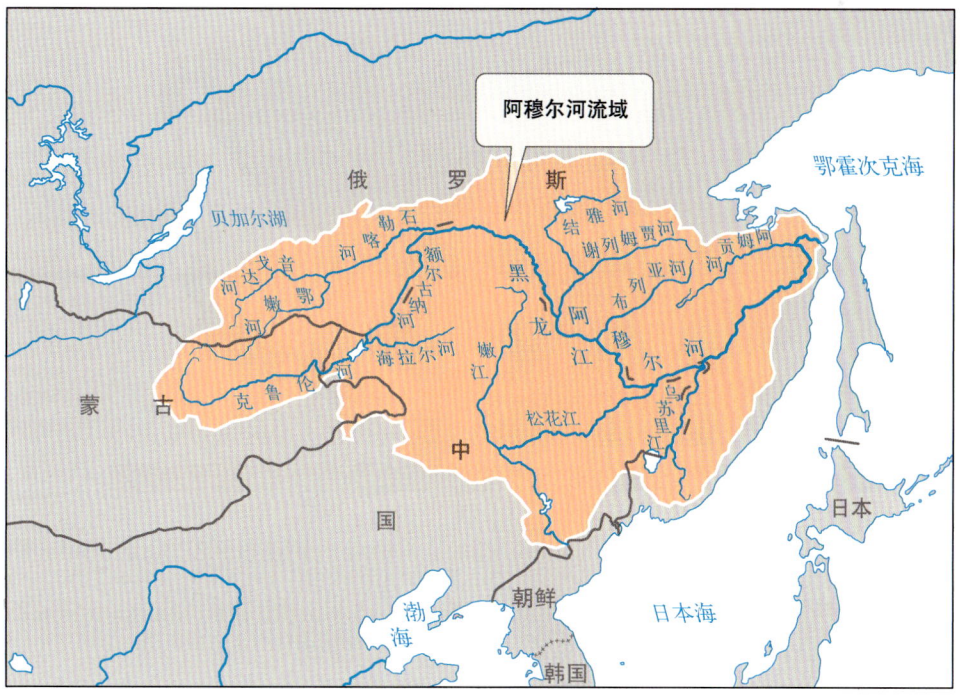

图 3-5 阿穆尔河流域示意图

表 3-1　东北亚水电基地装机情况

流域	技术可开发量（万千瓦）	开发比例（%）	2025 年装机容量（万千瓦）	2035 年装机容量（万千瓦）	2050 年装机容量（万千瓦）
勒拿河	4000	10	500	1200	3200
阿穆尔河	1450	5	120	200	1100

3.2.2　风电基地

东北亚风能资源主要集中在俄罗斯远东、中国华北东北和蒙古等区域。结合风能资源特性和分布情况，初步规划 27 个风电基地，总技术可开发量约 8.2 亿千瓦，2050 年装机容量约 5.6 亿千瓦。东北亚风电基地布局示意如图 3-6 所示，东北亚风电基地装机情况见表 3-2。

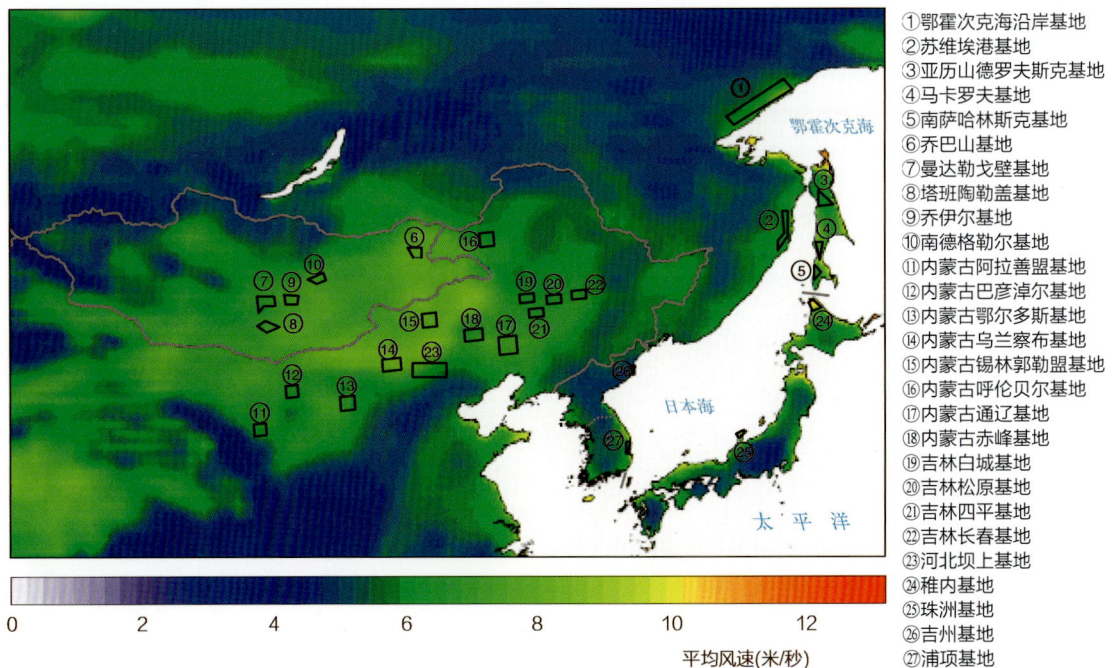

①鄂霍次克海沿岸基地
②苏维埃港基地
③亚历山德罗夫斯克基地
④马卡罗夫基地
⑤南萨哈林斯克基地
⑥乔巴山基地
⑦曼达勒戈壁基地
⑧塔班陶勒盖基地
⑨乔伊尔基地
⑩南德格勒尔基地
⑪内蒙古阿拉善盟基地
⑫内蒙古巴彦淖尔基地
⑬内蒙古鄂尔多斯基地
⑭内蒙古乌兰察布基地
⑮内蒙古锡林郭勒盟基地
⑯内蒙古呼伦贝尔基地
⑰内蒙古通辽基地
⑱内蒙古赤峰基地
⑲吉林白城基地
⑳吉林松原基地
㉑吉林四平基地
㉒吉林长春基地
㉓河北坝上基地
㉔稚内基地
㉕珠洲基地
㉖吉州基地
㉗浦项基地

图 3-6　东北亚风电基地布局示意图

表 3-2　东北亚风电基地装机情况

（单位：万千瓦）

序号	基地选址	所属国家	技术可开发量	2025 年装机容量	2035 年装机容量	2050 年装机容量
1	鄂霍次克海沿岸	俄罗斯	6600	—	500	2000
2	苏维埃港	俄罗斯	3120	—	1400	1400
3	亚历山德罗夫斯克	俄罗斯	3000	—	1300	2700
4	马卡罗夫	俄罗斯	960	—	400	800
5	南萨哈林斯克	俄罗斯	1320	200	800	1000
6	乔巴山	蒙古	2100	—	—	100
7	曼达勒戈壁	蒙古	2700	—	—	100
8	塔班陶勒盖	蒙古	1050	—	—	800
9	乔伊尔	蒙古	1350	500	1200	1200
10	南德格勒尔	蒙古	990	—	200	200
11	内蒙古阿拉善盟	中国	6500	1600	3600	5000
12	内蒙古巴彦淖尔	中国	3000	600	1400	2000
13	内蒙古鄂尔多斯	中国	2000	600	1300	1800
14	内蒙古乌兰察布	中国	6500	1600	3600	5000
15	内蒙古锡林郭勒盟	中国	4500	1300	2800	4000
16	内蒙古呼伦贝尔	中国	7000	2000	4600	6500
17	内蒙古通辽	中国	5000	1400	3000	4200
18	内蒙古赤峰	中国	2400	600	1400	2000
19	吉林白城	中国	2000	500	1200	1800
20	吉林松原	中国	2000	500	1200	1800
21	吉林四平	中国	1500	400	900	1200
22	吉林长春	中国	2500	600	1300	1800
23	河北坝上	中国	7900	2000	4200	6000
24	稚内	日本	1500	100	400	800
25	珠洲	日本	1050	50	300	500
26	吉州	朝鲜	1650	50	500	700
27	浦项	韩国	1800	150	600	700

3.2.3 太阳能基地

东北亚太阳能资源主要集中在蒙古南部和中国内蒙古中西部地区。结合太阳能资源特性和分布情况，初步规划 6 个太阳能基地，总技术可开发量约 9.5 亿千瓦，2050 年装机容量约 2.3 亿千瓦。东北亚太阳基地布局示意如图 3-7 所示，各基地装机情况见表 3-3。

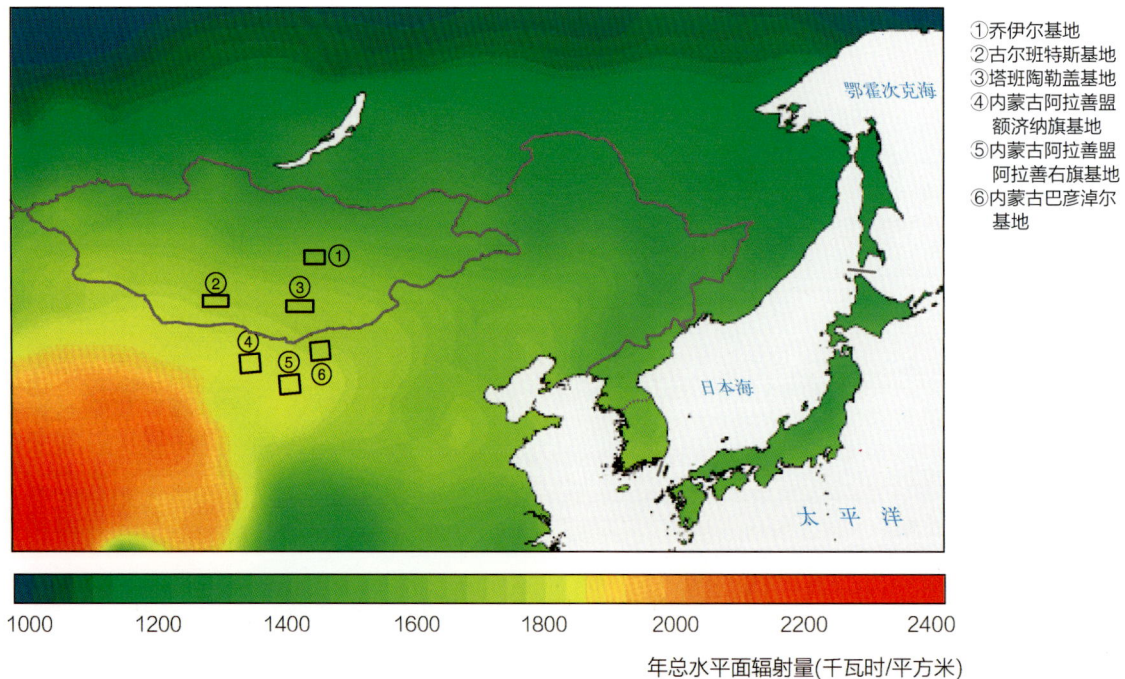

图 3-7　东北亚太阳能基地布局示意图

表 3-3　东北亚太阳能基地装机情况

（单位：万千瓦）

序号	基地选址	所属国家	技术可开发量		2025 年装机容量		2035 年装机容量		2050 年装机容量	
			光伏	光热	光伏	光热	光伏	光热	光伏	光热
1	乔伊尔	蒙古	10000	—	200	—	600	—	600	—
2	古尔班特斯	蒙古	11200	—	—	—	—	—	100	—
3	塔班陶勒盖	蒙古	29300	—	—	—	—	—	400	—
4	内蒙古阿拉善盟额济纳旗	中国	16000	3000	1800	200	6000	1000	12000	3000
5	内蒙古阿拉善盟阿拉善右旗	中国	15000	3000	2000	200	5000	1000	10000	3000
6	内蒙古巴彦淖尔	中国	5000	2000	500	200	1500	1000	3000	2000

Chapter 4

电网互联

根据东北亚清洁能源资源禀赋和空间分布，参考各国能源电力发展规划，统筹清洁能源与电网发展，加快各国和区域电网升级。依托特高压交直流等先进输电技术，充分发挥各地区优势，推进电网互联和跨国能源通道建设，形成覆盖清洁能源基地和负荷中心的坚强网架，全面提升电网的资源配置能力，支撑清洁能源大规模、远距离输送及大范围消纳和互补互济，以清洁和绿色方式实现东北亚电力可靠供应，保障经济社会可持续发展。

4.1 电力流

统筹考虑电源发展、电力需求分布和清洁能源开发布局，通过电力电量平衡分析，中国华北、日本、韩国和朝鲜将成为主要的电力受入中心。俄罗斯和蒙古开发大规模水电、风电和太阳能，在满足本国电力发展需求基础上，将成为主要电力外送基地。东北亚电力流总体呈"西电东送，北电南送"的格局。

4.1.1 各地区供需平衡

俄罗斯远东： 2050 年最大负荷 1455 万千瓦，电源装机容量 1.4 亿千瓦，是东北亚重要的水电和风电基地。在满足本地电力需求的基础上，远东地区盈余电力将送电俄罗斯西部负荷中心，部分送电中国、朝鲜、韩国和日本。

蒙古： 2050 年最大负荷 559 万千瓦，电源装机容量 5130 万千瓦，是东北亚重要的风能和太阳能基地。蒙古在满足本国用电需求的基础上，盈余电力主要外送中国，部分电力转送日本和韩国。

中国华北和东北： 2050 年最大负荷 6.5 亿千瓦，电源装机容量 19.7 亿千瓦，其中华北最大负荷 5.2 亿千瓦，电源装机容量 14.8 亿千瓦；东北最大负荷 1.3 亿千瓦，电源装机 4.9 亿千瓦。中国华北东北具有区位和资源优势，是东北亚能源互联网的枢纽。华北的内蒙古、山西、河北是清洁电力外送基地，京津冀鲁是重要的负荷中心。华北跨区电力外送华中、华东地区，接受东北和西北电力；跨国电力外送韩国和日本，接受蒙古和俄罗斯电力。东北能源资源丰富，是主要的电力外送基地，跨区外送中东部负荷中心，跨国向朝鲜、韩国和日本送电。

日本： 2050 年最大负荷 2.4 亿千瓦，电源装机容量 4.6 亿千瓦。日本是东北亚重要的负荷中心，在积极开发本地清洁电源的同时，可从中国和俄罗斯等周边国家受入电力。

韩国： 2050 年最大负荷 1.3 亿千瓦，电源装机容量 2.1 亿千瓦。韩国作为东北亚电力消费大国，开发本地清洁电源的基础上，从中国和俄罗斯等周边国家受入电力，并部分转送日本。

朝鲜： 2050 年最大负荷 3680 万千瓦，电源装机容量 7200 万千瓦。考虑经济转型带动的电力需求迅速增长，近期需要从中国接受电力，远期还将从俄罗斯接受电力，保障朝鲜能源电力供应。

4.1.2　电力流方案

2025 年，东北亚跨国电力流 1175 万千瓦。开发蒙古太阳能和风电、中国东北风电、俄罗斯远东萨哈林风电等清洁能源基地，蒙古、俄罗斯远东和中国分别送出 400 万、200 万、175 万千瓦。日本、韩国和朝鲜分别受入 400 万、250 万、125 万千瓦，受入电力分别占各国最大负荷的 2.1%、2.5% 和 15.7%。2025 年东北亚电力流示意如图 4-1 所示。

图 4-1　2025 年东北亚电力流示意图

2035 年，东北亚跨国电力流 5975 万千瓦。进一步开发蒙古太阳能和风电、中国东北风电，逐步开发俄罗斯鄂霍次克海风电以及远东水电，蒙古、俄罗斯和中国分别送出 1200 万、2600 万、175 万千瓦。日本、韩国和朝鲜分别受入 1600 万、1950 万、425 万千瓦，受入电力分别占各国最大负荷的 7.3%、16.5% 和 20.7%。2035 年东北亚电力流示意如图 4-2 所示。

图 4-2　2035 年东北亚电力流示意图

2050 年,东北亚跨国电力流 1.1 亿千瓦。进一步开发中国东北风电、俄罗斯鄂霍次克海风电和远东水电,蒙古、俄罗斯和中国分别送出 2000 万、4200 万、975 万千瓦。日本、韩国和朝鲜分别受入 4000 万、2350 万、825 万千瓦,受入电力分别占各国最大负荷的 16.4%、18.8% 和 22.4%。2050 年东北亚电力流示意如图 4-3 所示。

图 4-3　2050 年东北亚电力流示意图

4.2　电网互联方案

4.2.1　总体格局

结合各国电网发展和大型清洁能源基地情况,通过多方向跨国输电通道建设,多渠道将清洁能源送至负荷中心,到 2050 年东北亚基本形成"三环一横"的能源电力互联格局。主要包括蒙—中—韩—日、中—俄、俄—日、中—朝—韩以及俄—朝—韩五大互联通道,向北连接俄罗斯远东水电、鄂霍次克海风电和萨哈林风电基地,向西连接中国华北东北风电、蒙古南部太阳能和风电基地,中部贯穿中国华北、朝韩及日本负荷中心。东北亚电网互联总体格局示意如图 4-4 所示。

图 4-4　东北亚电网互联总体格局示意图

俄罗斯远东

形成覆盖阿穆尔州、哈巴罗夫斯克边疆区、犹太自治州和滨海边疆区负荷中心的 500 千伏交流主网架。俄罗斯远东水电基地接入 500 千伏交流电网，满足本地供电和外送需要。鄂霍次克海和萨哈林岛（库页岛）沿岸通过 500 千伏交流输电通道汇集风电基地电力送出。加强俄罗斯远东北部地区 220 千伏电网建设，电网供电范围和供电可靠性得到大幅提高。通过 ±500 千伏、±800 千伏直流分别与中国、朝鲜、韩国和日本互联。

蒙古

电网电压等级升级至 500 千伏，形成南部地区清洁能源基地、东部煤炭基地与北部负荷中心的 500 千伏交流电力外送通道以及首都乌兰巴托周边 500 千伏受端环网。配合 500 千伏交流主网架的建设，进一步加强 220 千伏电网，扩大电网覆盖范围，提高电网供电可靠性。通过 ±660 千伏、±800 千伏直流与中国跨国互联。

中国华北和东北

形成 1000 千伏特高压交流骨干网架，通过 ±800 千伏、±1100 千伏特高压直流实现大规模清洁电力送送。成为中国东部特高压同步电网的重要组成部分，满足东北、华北风电基地可靠送出、安全受入西部电力和受端负荷中心可靠供电的需要。通过 ±500 千伏、±660 千伏和 ±800 千伏直流与东北亚其他国家联网。

日本

加强东部、西部间的交换能力，提升北海道向本州输电容量，满足东北部风电外送需求。加强东京、中部、九州以及关西等重点负荷中心 500 千伏交流电网建设，满足外来电力受入需求。通过 ±500 千伏和 ±800 千伏分别与中国、俄罗斯实现跨国联网。

韩国

建设西北部首都行政区和东南工业负荷中心 765 千伏电网，以及东部沿海风电基地外送通道，形成基本覆盖全国的 765 千伏交流环网。加强 345 千伏电网建设和配电网智能化改造，全面提高电网接纳清洁能源的能力和供电可靠性。通过 ±500 千伏和 ±800 千伏直流分别与中国、俄罗斯实现跨国联网。

朝鲜

升级现有 220 千伏、110 千伏电网，形成基本覆盖全国的 500 千伏交流环网。加强南北方向输电通道建设，提升电力受入与疏散能力。加强东部沿海风电与西部负荷中心通道建设。通过 ±500 千伏和 ±800 千伏分别与中国、俄罗斯实现跨国联网。

东北亚电网现状

东北亚区域内中国、俄罗斯和蒙古实现低电压等级互联，朝鲜、韩国和日本尚无跨国联网通道。

俄罗斯已形成统一电力系统，部分地区尚未互联。俄罗斯电网分为两大部分：俄罗斯互联电网和东北地区电网。远东电网包括东北地区电网和互联电网的东部地区（IPS East）。500千伏交流电网已成为俄罗斯主干网，750千伏交流输电工程主要用于大型电源向负荷中心的电力输送。俄罗斯区域电网间互联较弱，如西北电网与中部电网的联络线输送能力为180万千瓦。远东地区电网仍以220千伏电压等级为主干网架，仅在南部边境沿线的人口密集区，构建了500千伏交流通道。

蒙古已形成西部、阿尔泰—乌里雅苏台、中部、南部及东部五个区域电网，重点负荷地区需外来电力支持。电网以110千伏和35千伏电压等级为主，首都负荷中心已基本形成220千伏交流环网，相邻区域电网间已实现低电压等级弱联网。蒙古北部与俄罗斯西伯利亚接壤，通过220千伏线路与俄罗斯联网，进口电力，为北部负荷中心冬季高峰时刻提供电力供应。同时，为了满足南部重要铜矿电力需求，通过220千伏线路从中国内蒙古进口电力。

中国电网互联程度高，已形成华北、华中、华东、东北、西北、西南和南方七个主要区域电网。华北、华中和华东电网交流最高电压等级1000千伏，西北电网交流最高电压等级750千伏，东北、西南和南方电网

交流最高电压等级500千伏。截至2019年年底，全国已建成10个交流特高压工程和14个直流特高压工程，技术已达到世界领先水平。中国东北与俄罗斯之间通过黑河500千伏背靠背工程互联。

日本基本实现全国联网，最高电压等级500千伏。按分区建立了10个电力公司，即北海道、东北、东京、中部、北陆、关西、中国、四国、九州和冲绳电力公司，分别管理全国10个区域的发电、输配电建设和运营业务。日本电网以500千伏交流为主干网，其他输电电压等级包括275（220、187）千伏和154（110）千伏。东京电力公司、东北电力公司和北海道电力公司所辖电网频率为50赫兹，其余地区为60赫兹。东、西部电网由佐久间、新信浓和东清水三个直流背靠背工程互联，交换容量120万千瓦。北海道和本州之间通过2条±250千伏直流相连。

韩国已形成全国互联电网，济州岛通过直流线路与半岛互联。电网最高电压等级765千伏，主要用于电源与重要负荷中心间的电力输送，其他输电电压等级包括345千伏和154千伏。济州岛通过±180千伏和±250千伏两条直流工程跨海（海缆长度231千米）与本土相连。

朝鲜电网相对薄弱。输电网电压等级主要为220千伏和110千伏。北部电网以220千伏为主，一方面承接鸭绿江沿岸水电，另一方面为北部重要的负荷中心供电。东南部沿海和南部边境地区以低电压等级为主。

4.2.2 互联方案

　　2025 年，东北亚初步形成中—蒙、中—朝—韩、中—韩—日和俄—日互联通道。新建蒙古乔伊尔—中国河北、中国威海—韩国仁川和韩国高城—日本松江、中国辽宁—朝鲜平壤—韩国首尔、中朝云峰背靠背以及俄罗斯萨哈林—日本北海道 5 项直流工程，届时跨国送电 1175 万千瓦，新增线路长度 2926 千米。2025 年东北亚互联工程见表 4-1，2025 年东北亚电网互联示意如图 4-5 所示。

表 4-1　2025 年东北亚互联工程

互联工程	途径国家	路径长度（千米）	电压等级（千伏）	输送容量（万千瓦）
蒙古乔伊尔—中国河北直流输电工程	蒙古、中国	1300	±660	400
中国威海—韩国仁川、韩国高城—日本松江直流输电工程	中国、韩国、日本	826	±500	200
中国辽宁—朝鲜平壤—韩国首尔三端柔性直流输电工程	中国、朝鲜、韩国	500	±500	300
中朝云峰背靠背工程	中国、朝鲜	0	500	75
俄罗斯萨哈林—日本北海道直流输电工程	俄罗斯、日本	300	±500	200

图 4-5　2025 年东北亚电网互联示意图

　　2035 年，东北亚基本形成环渤海/北黄海、环日本海、环阿穆尔河流域，横向连接蒙古南部至中国的"三环一横"跨国联网通道，形成"西电东送、北电南供、多能互补"的格局。新建蒙古乔伊尔—中国辽宁、中国山东—韩国釜山—日本京都、中国辽宁—韩国首尔 I/II、俄罗斯勒拿河—中国河北、俄罗斯哈巴罗夫斯克—朝鲜清津—韩国大丘以及俄罗斯萨哈林—日本东京 7项直流输电工程，届时跨国送电 5975 万千瓦，新增线路长度 1.2 万千米。2025—2035 年东北亚新增互联工程见表 4-2，2035 年东北亚电网互联示意如图 4-6 所示。

表 4-2　2025—2035 年东北亚新增互联工程

互联工程	途径国家	路径长度（千米）	电压等级（千伏）	输送容量（万千瓦）
蒙古乔伊尔—中国辽宁直流输电工程	蒙古、中国	1600	±800	800
中国山东—韩国釜山—日本京都三端柔性直流输电工程	中国、韩国、日本	2000	±800	800
中国辽宁—韩国首尔 I/II 直流输电工程	中国、朝鲜、韩国	750/750	±660	400/400
俄罗斯勒拿河—中国河北直流输电工程	俄罗斯、中国	2700	±800	800
俄罗斯哈巴罗夫斯克—朝鲜清津—韩国大丘三端柔性直流输电工程	俄罗斯、朝鲜、韩国	2300	±800	800
俄罗斯萨哈林—日本东京直流输电工程	俄罗斯、日本	2000	±800	800

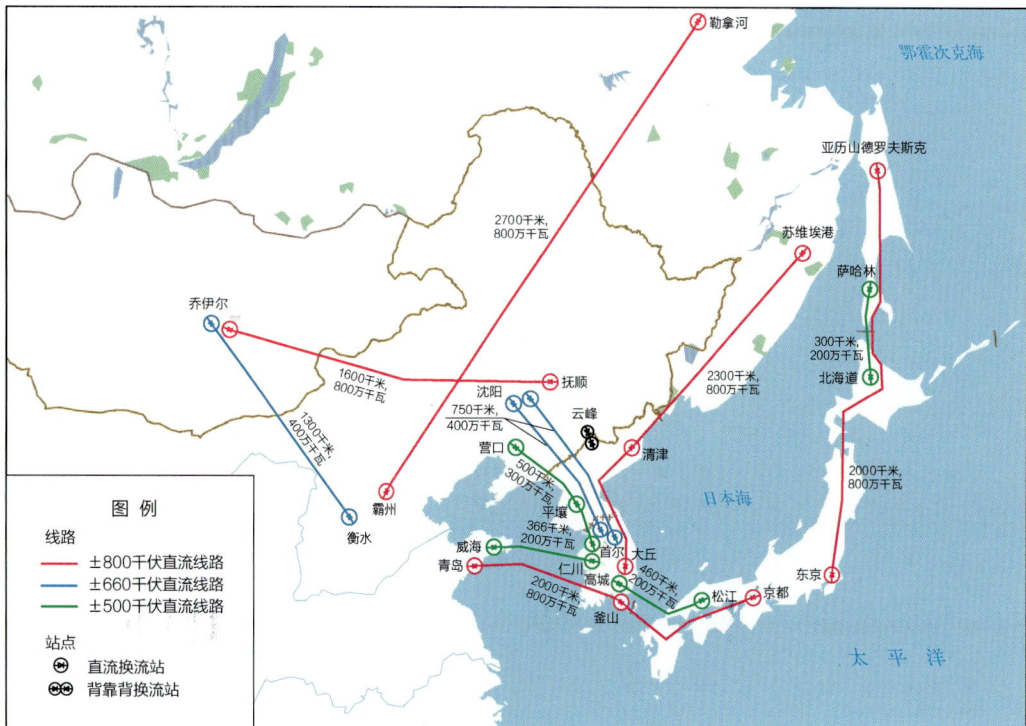

图 4-6　2035 年东北亚电网互联示意图

　　2050 年，东北亚进一步加强中—蒙、中—朝—韩、中—日以及俄—日互联通道建设，加强蒙古、中国东北以及俄罗斯远东的清洁能源送出能力。新建蒙古塔班陶勒盖—中国山东、中国山东—日本福冈、中国蒙东—朝鲜开城—韩国光州、中国吉林—日本大阪、俄罗斯勒拿河—中国山东以及俄罗斯鄂霍次克—日本长野 6 项直流输电工程，届时跨国送电 1.1 亿千瓦，新增线路长度 1.21 万千米。2035—2050 年东北亚新增互联工程见表 4-3，2050 年东北亚电网互联示意如图 4-7 所示。

表 4-3　2035—2050 年东北亚新增互联工程

互联工程	途径国家	路径长度（千米）	电压等级（千伏）	输送容量（万千瓦）
蒙古塔班陶勒盖—中国山东直流输电工程	蒙古、中国	1500	±800	800
中国山东—日本福冈直流输电工程	中国、日本	1600	±800	800
中国蒙东—朝鲜开城—韩国光州三端柔性直流输电工程	中国、朝鲜、韩国	1600	±800	800
中国吉林—日本大阪直流输电工程	中国、朝鲜、韩国、日本	2000	±800	800
俄罗斯勒拿河—中国山东直流输电工程	俄罗斯、中国	2700	±800	800
俄罗斯鄂霍次克—日本长野直流输电工程	俄罗斯、日本	2700	±800	800

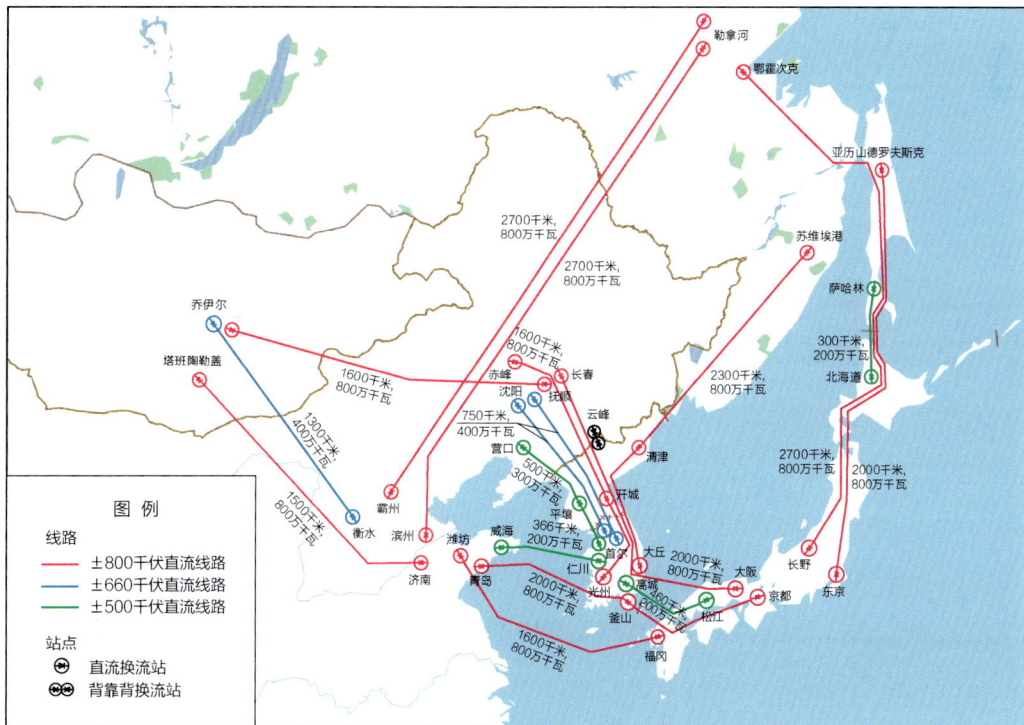

图 4-7　2050 年东北亚电网互联示意图

4.3 重点互联互通工程

4.3.1 近期重点工程

1 蒙古乔伊尔—中国河北直流输电工程

工程定位将蒙古的太阳能和风能外送中国华北，促进蒙古能源资源开发，带动经济发展，同时满足中国华北主要负荷中心电力增长需求。拟采用±660千伏直流，输送容量400万千瓦，线路长度约1300千米，2025年前建成。工程总投资约16.3亿美元，输电价约1.17美分/千瓦时。蒙古乔伊尔—中国河北直流输电工程示意如图4-8所示。

图4-8 蒙古乔伊尔—中国河北直流输电工程示意图

2 中国威海—韩国仁川、韩国高城—日本松江直流输电工程

工程定位提高日本电力供应多样化，满足日本负荷中心电力负荷发展需求，减轻韩国东南部电网送电西北部负荷中心的输送压力，优化韩国电网整体电力流向。拟采用±500千伏直流，输送容量200万千瓦，总投资约30.3亿美元，2025年前建成。其中，中国威海至韩国仁川段海缆长度约366千米，投资约14亿美元，输电价约1.63美分/千瓦时；韩国高城至日本松江段海缆长度约460千米，投资约16.3亿美元，输电价约1.9美分/千瓦时。中国威海—韩国仁川、韩国高城—日本松江直流输电工程示意如图4-9所示。

图 4-9　中国威海—韩国仁川、韩国高城—日本松江直流输电工程示意图

3　中国辽宁—朝鲜平壤—韩国首尔三端柔直工程

　　工程定位将中国东北风电送至朝鲜和韩国，满足朝鲜和韩国电力增长需求，缓解局部电力负荷供应紧张趋势。拟采用 ±500 千伏直流，输送容量 300 万千瓦，线路长度约 500 千米，2025年前建成。其中，辽宁至平壤段线路长度约 300 千米，朝鲜受入电力 50 万千瓦；平壤至首尔段线路长度约 200 千米，韩国受入电力 250 万千瓦。工程总投资约 8.9 亿美元，输电价约 0.85 美分/千瓦时。中国辽宁—朝鲜平壤—韩国首尔三端柔直工程示意如图 4-10 所示。

图 4-10　中国辽宁—朝鲜平壤—韩国首尔三端柔直工程示意图

4　中朝云峰直流背靠背工程

　　工程定位解决近期朝鲜电力短缺，增强朝鲜与中国互联互供能力。规划在中国东北与朝鲜交界处建设一个 500 千伏、75 万千瓦直流背靠背工程。工程总投资约 3.3 亿美元。中朝云峰直流背靠背工程示意如图 4-11 所示。

图 4-11　中朝云峰直流背靠背工程示意图

5　俄罗斯萨哈林—日本北海道直流输电工程

　　工程定位开发俄罗斯远东风电,将资源优势转化为经济优势,满足日本电力需求,提高日本电力供应的多元化,实现俄罗斯与日本联网。拟采用 ±500 千伏直流,输送容量 200 万千瓦,线路长度约 300 千米,其中跨海长度 40 千米,2025 年前建成。工程总投资约 6.7 亿美元,输电价约 0.96 美分/千瓦时。俄罗斯萨哈林—日本北海道直流工程示意如图 4-12 所示

图 4-12　俄罗斯萨哈林—日本北海道直流输电工程示意图

4.3.2　中远期重点工程

　　2025 年后随着东北亚大型清洁能源基地的进一步开发,为满足电力外送需要,建设跨国重点工程 13 项,总投资约 612 亿美元。其中,±660 千伏直流工程 2 项,投资约 26 亿美元,±800 千伏直流工程 11 项,投资约 586 亿美元。

　　中国辽宁—韩国首尔 I/II 直流输电工程,定位中国东北风电外送韩国,拟采用 ±660 千伏直

流，输送容量 400 万千瓦，线路长度约 750 千米，2035 年前建成。工程总投资约 13 亿美元，输电价约 0.96 美分/千瓦时。

蒙古乔伊尔—中国辽宁直流输电工程，定位蒙古南部太阳能和东部风电外送中国东北，并转送朝鲜和韩国，拟采用 ±800 千伏直流，输送容量 800 万千瓦，线路长度约 1600 千米，2035 年前建成。工程总投资约 35 亿美元，输电价约 1.24 美分/千瓦时。

蒙古塔班陶勒盖—中国山东直流输电工程，定位蒙古南部太阳能和东部风电外送中国华北，拟采用 ±800 千伏直流，输送容量 800 万千瓦，线路长度约 1500 千米，2050 年前建成。工程总投资约 34 亿美元，输电价约 1.21 美分/千瓦时。

俄罗斯哈巴罗夫斯克—朝鲜清津—韩国大丘三端柔性直流输电工程，定位俄罗斯远东风电外送朝鲜和韩国，拟采用 ±800 千伏直流，输送容量 800 万千瓦，线路长度约 2300 千米，2035 年前建成。工程总投资约 41 亿美元，输电价约 1.47 美分/千瓦时。

中国山东—韩国釜山—日本京都三端柔性直流输电工程，定位承接蒙古清洁能源，外送韩国和日本，拟采用 ±800 千伏直流，输送容量 800 万千瓦，线路长度约 2000 千米，其中跨海长度约 710 千米，2035 年前建成。工程总投资约 81 亿美元，输电价约 2.9 美分/千瓦时。

俄罗斯勒拿河—中国河北直流输电工程，定位俄罗斯远东水电外送中国华北，拟采用 ±800 千伏直流，输送容量 800 万千瓦，线路长度约 2700 千米，2035 年前建成。工程总投资约 44 亿美元，输电价约 1.6 美分/千瓦时。

俄罗斯萨哈林—日本东京直流输电工程，定位萨哈林风电外送日本，拟采用 ±800 千伏直流，输送容量 800 万千瓦，线路长度约 2000 千米，其中跨海长度约 80 千米，2035 年前建成。工程总投资为 43 亿美元，输电价为 1.55 美分/千瓦时。

俄罗斯勒拿河—中国山东直流输电工程，定位俄罗斯远东水电外送中国华北，拟采用 ±800 千伏直流，输送容量 800 万千瓦，线路长度约 2700 千米，2050 年前建成。工程总投资为 44 亿美元，输电价为 1.6 美分/千瓦时。

俄罗斯鄂霍次克—日本长野直流输电工程，定位鄂霍次克海风电外送日本，拟采用 ±800 千伏直流，输送容量 800 万千瓦，线路长度约 2700 千米，其中跨海长度约 230 千米，2050 年前建成。工程总投资约 58 亿美元，输电价约 2.1 美分/千瓦时。

中国吉林—日本大阪直流输电工程，定位中国东北风电外送日本，拟采用 ±800 千伏直流，输送容量 800 万千瓦，线路长度约 2000 千米，其中跨海长度约 210 千米，2050 年前建成。工程总投资约 51 亿美元，输电价约 1.83 美分/千瓦时。

中国山东—日本福冈直流输电工程，定位承接蒙古清洁能源，并外送日本，拟采用 ±800 千伏直流，输送容量 800 万千瓦，线路长度约 1600 千米，其中跨海长度约 1400 千米，2050 年前建成。工程总投资约 120 亿美元，输电价约 4.3 美分/千瓦时。

中国蒙东—朝鲜开城—韩国光州三端柔性直流输电工程，定位中国东北风电外送朝鲜和韩国，拟采用 ±800 千伏直流，输送容量 800 万千瓦，线路长度约 1600 千米，2050 年前建成。工程总投资约 35 亿美元，输电价约 1.24 美分/千瓦时。

4.4 投资估算

4.4.1 投资估算原则

东北亚能源互联网投资包括电源投资和电网投资两部分。电源投资根据单位容量投资成本和投产容量进行测算，电网投资根据各电压等级电网投资造价进行估算。

电源投资方面，根据各类电源技术发展趋势，结合国际能源署、彭博新能源财经等国际能源机构相关研究成果，预测 2025、2035、2050 年各类电源单位容量投资成本。预计到 2050 年太阳能、风电单位投资成本较 2016 年[1]分别降低 60% 和 50%。各水平年各类电源单位投资成本预测见表 4-4。

表 4-4　各水平年各类电源单位投资成本预测

（单位：美元/千瓦）

电源类型	2025 年	2035 年	2050 年
火电	680	700	750
水电	2800	2600	2000
光伏	690（基地成本：540）	500（基地成本：400）	280（基地成本：230）
光热	5500	3380	2760
陆上风电	1170（基地成本：900）	850（基地成本：680）	650（基地成本：520）
海上风电	1970	1260	1060
核电	5500	5500	5500
生物质及其他	4500	4300	4000

---

[1] 2016 年风光单位投资成本引自美国可再生能源国家实验室，单位投资集中式光伏 1800 美元/千瓦，光热 7800 美元/千瓦，陆上风电 1500 美元/千瓦，海上风电 3800 美元/千瓦。

电网投资方面，特高压电网主要参考中国、巴西等同类工程造价进行测算，并结合东北亚工程造价实际情况进行调整，各电压等级电网单位投资参数见表4-5。东北亚各地区765（750）/500/400千伏电网与345千伏及以下电网投资规模比例按1:5考虑。

表 4-5　各电压等级电网单位投资参数

工程类别	变电站、换流站 （美元/千伏安、美元/千瓦）	线路（万美元/千米）	海底电缆❶（万美元/千米）
1000 千伏交流	67	83	—
765（750）千伏交流	41	53	—
500 千伏交流	39	34	—
400 千伏交流	33	22	—
±500 千伏直流	118	38	250
±660 千伏直流	119	52	300
±800 千伏直流	126	90	440

4.4.2　投资估算结果

2020—2050年，东北亚能源互联网总投资约3万亿美元，其中电源投资约2.2万亿美元，占总投资75%。电网投资约0.8万亿美元，占总投资25%。东北亚能源互联网投资规模与结构如图4-13所示。

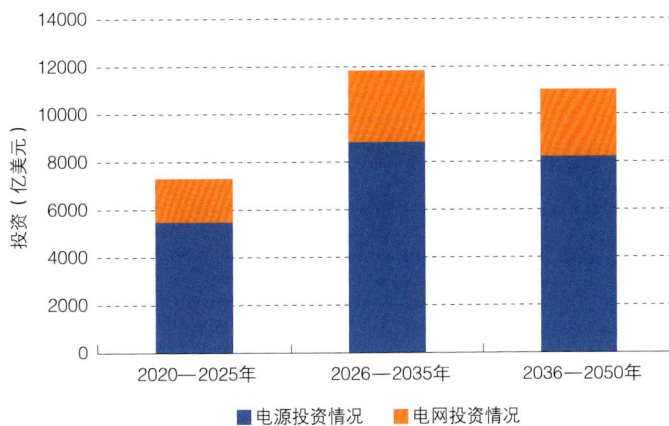

图 4-13　东北亚能源互联网投资规模与结构

---

❶ 表中数据适用于水深小于100米的浅海区域。根据实际调研，对于100～200米海深的海缆工程，粗略估计造价上浮约25%，对于200米以上的海缆工程，造价需进一步上浮约30%。

2020—2050 年东北亚电源和电网投资规模与结构如图 4-14 和图 4-15 所示。

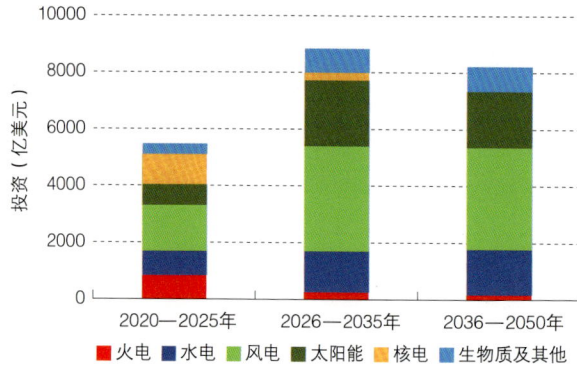

图 4-14　2020—2050 年东北亚电源投资规模与结构

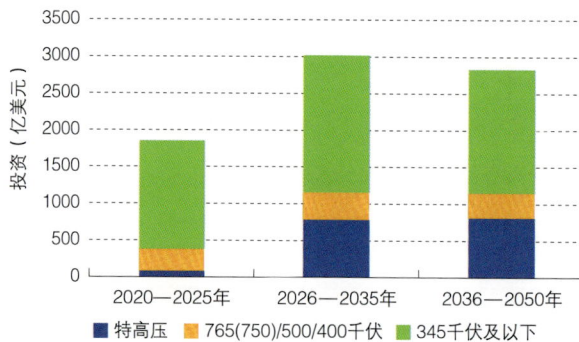

图 4-15　2020—2050 年东北亚电网投资规模与结构

2020—2025 年

东北亚能源互联网投资约 0.7 万亿美元。电源投资约 0.5 万亿美元，占比 75%。电网投资约 0.2 万亿美元，其中特高压电网投资约 80 亿美元、400 千伏～765 千伏电网投资约 290 亿美元、345 千伏及以下电网投资约 1480 亿美元。

2026—2035 年

东北亚能源互联网投资约 1.2 万亿美元。电源投资约 0.9 万亿美元，占比 75%。电网投资约 0.3 万亿美元，其中特高压电网投资约 780 亿美元、400 千伏～765 千伏电网投资约 370 亿美元、345 千伏及以下电网投资约 1860 亿美元。

2036—2050 年

东北亚能源互联网投资约 1.1 万亿美元。电源投资约 0.8 万亿美元，占比 74%。电网投资约 0.3 万亿美元，其中特高压电网投资约 810 亿美元、400 千伏～765 千伏电网投资约 340 亿美元、345 千伏及以下电网投资约 1680 亿美元。

Chapter

5

综合效益

东北亚能源互联网是推动东北亚经济发展、社会进步、环境改善与政治和谐的重要举措，综合价值和效益显著。

5.1 经济效益

拉动地区投资，带动相关产业链发展。到 2050 年，东北亚电力互联通道新增输电线路长度 2.7 万千米、输电容量 1.1 亿千瓦，投资合计 677 亿美元。带动东北亚电网投资约 0.8 万亿美元，电源投资约 2.2 万亿美元。

促进俄罗斯远东和蒙古经济发展。拉动俄罗斯和蒙古清洁能源投资分别为 1610 亿、390 亿美元，每年出口电力将为两国分别带来收入 105 亿、50 亿美元。提高俄罗斯远东和蒙古在东北亚清洁能源电力基地的地位，加强与毗邻国家在投资、金融领域的合作，促进经济发展。

5.2 社会效益

形成东北亚能源市场，拓宽能源供给渠道，提升区域能源自给率，保障整体能源安全。加强域内能源电力贸易，通过电力互联互通，构建东北亚电力市场，各国实现多途径电力进出口。同时，扩大俄罗斯远东天然气、蒙古能源在东北亚区域内的出口规模，通过域内化石能源贸易，有效降低因域外能源供应中断和价格波动带来的能源安全风险。2050 年域内能源自给率超过 82%，显著提高能源安全水平。

实现清洁替代，以绿色能源保障电力供应。2050 年东北亚区域清洁能源占一次能源比重达到 70%。日本和韩国在大力发展本国清洁能源的同时受入 6350 万千瓦外来清洁电力，可有效地提高电力供给能力、减少对化石能源进口依赖，实现绿色能源保障电力供应。

带动新增就业岗位。构建东北亚能源互联网涉及能源开发、电力生产、电网建设、电工装备、电能替代、智能技术、新型材料、信息通信等诸多领域，可以有力带动就业。到 2050 年，建设东北亚能源互联网将创造 2400 万个就业岗位。

5.3 环境效益

减少温室气体排放。化石能源利用是二氧化碳排放的主要来源，约占二氧化碳总排放量的 85%。东北亚经济活跃，能源需求较大，二氧化碳排放量大，加速清洁能源开发利用，有效控制能源利用方面的二氧化碳排放，是应对气候变化的关键。建设东北亚能源互联网，以电网互联互通加速清洁能源高效、规模化开发利用，可以实现清洁能源优化配置和快速发展。通过"清洁替代"从源头上控制温室气体排放，通过"电能替代"促进终端各部门减排，从而实现温升控制目标。构建东北亚能源互联网，至 2035 年能源系统年二氧化碳排放降至约 33 亿吨，较政策延续情景减少 43%；至 2050 年能源系统年二氧化碳排放进一步降至约 10 亿吨，较政策延续情景减少 79%，东北亚能源互联网碳减排效益如图 5-1 所示。

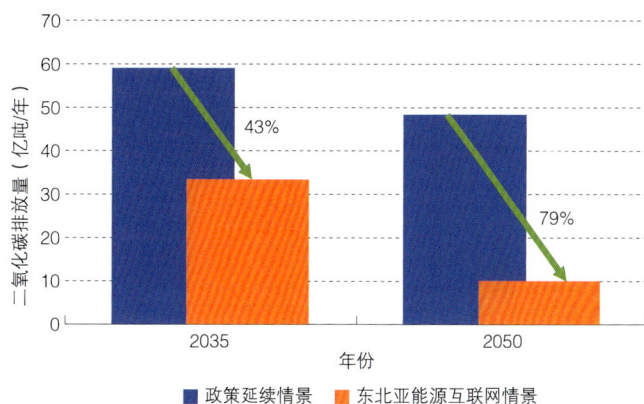

图 5-1　东北亚能源互联网碳减排效益

减少气候相关灾害。气候灾害主要包括干旱灾害、洪涝灾害、风灾等，是由气候原因引起的自然灾害。构建东北亚能源互联网，从源头上减少温室气体排放，减缓全球和区域气候系统的异常变化和极端事件，有效降低东北亚沿海地区，特别是易受海平面上升影响的小岛屿的气候灾害发生风险；利用先进输电、智能电网技术，提升能源电力基础设施防灾能力和气候韧性，大力推进电力普及，促进解决无电人口用电问题，减少因气候灾害造成的经济损失和人员伤亡。

减少大气污染物排放。二氧化硫、氮氧化物和细颗粒物是全球三大主要空气污染物，化石能源消费是造成空气污染的重要原因。东北亚长期以来受空气污染问题困扰，构建东北亚能源互联网，实施"清洁替代"，促进清洁能源大规模开发利用，从污染源头上直接减少化石能源生产、使用、转化全过程的空气污染物排放，实现以清洁、经济、高效方式破解"心肺之患"；实施"电能替代"，推动利用清洁电力取代工业、交通、生活部门使用的煤炭、石油和天然气，减少工业废气、交通尾气、生活和取暖废气等排放，深度挖掘和释放各行业减排潜力，实现终端用能联动升级、空气污染联动治理。到 2035 年，与政策延续情景相比，每年可减少排放二氧化硫 530 万吨、氮氧化物 310 万吨、细颗粒物 110 万吨，2035 年东北亚能源互联网大气污染物减排效益如图 5-2 所示；到 2050 年，与政策延续情景相比，每年可减少排放二氧化硫 710 万吨、氮氧化物 500 万吨、细颗粒物 145 万吨，2050 年东北亚能源互联网大气污染物减排效益如图 5-3 所示。

提高土地资源价值。提高土地资源价值主要是指在荒漠化土地等人类未利用的土地上统筹开发清洁能源，提升土地经济价值，节约高价值土地的占用，实现经济社会发展与环境保护的有机结合。构建东北亚能源互联网，在蒙古戈壁等土地贫瘠、清洁能源资源丰富地区开发风

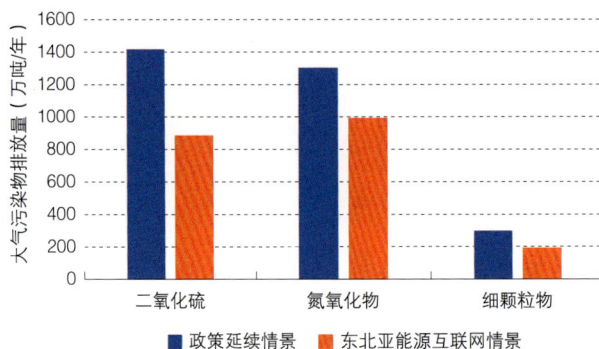

图 5-2 2035 年东北亚能源互联网大气污染物减排效益

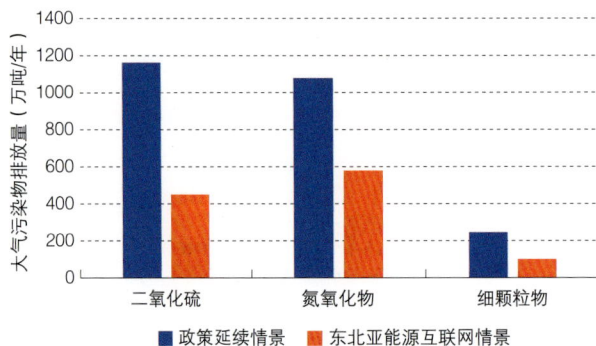

图 5-3 2050 年东北亚能源互联网大气污染物减排效益

能、太阳能等，增加地表粗糙度和覆盖度，促进增加区域降水并有效降低土壤水分蒸发量，促进荒漠土地恢复。通过互联互通将荒漠地区的清洁电能送至负荷地区，将生态环境劣势转化为资源开发利用优势，通过清洁能源外送、产业结构升级、资源协同开发等综合措施，推动实施植树造林、改善土壤质量和建设农业基础设施，以保护水土和恢复生态环境。与政策延续情景相比，到 2035 年，东北亚每年可提高土地资源价值 84 亿美元；到 2050 年，东北亚每年可提高土地资源价值 139 亿美元。

5.4　政治效益

加强区域政治互信。通过东北亚能源互联网的建设，建立广泛的合作机制和推动各国政策协同，形成东北亚能源电力合作共同体和利益共同体，有效团结区域内各国，加强政治互信。

促进区域协同发展。建立以清洁发展、互联互通为核心的地区能源治理新体系，促进地区融合发展、实现地区共同繁荣，最终促进东北亚区域各国的协同发展。

建立东北亚能源电力合作新机制。促进域内各国在清洁能源开发、技术创新、工程建设、投融资等领域的全方位合作。秉承"共商、共建、共享、共赢"理念，加快建设东北亚能源互联网。

Chapter 6

政策机制

东北亚能源互联网对推动地区合作和清洁能源发展至关重要。各国需要共同行动，加强对话合作，推动规划协同、跨国电力贸易、技术标准融合等，为东北亚能源互联网建设提供多层次、全方位保障。

构建东北亚各国能源领域常态化对话与合作机制，提高区域整体能源自主保障水平。有针对性地创设区域能源电力发展的对话机制，建立多层级沟通交流渠道，开展常态化政府、国际机构、智库、企业等多维度沟通交流，促进各国加深信任、加强合作。依托清洁能源开发和跨国互联互通项目的密切合作，发挥国家间互补优势，促进区内跨国能源电力贸易，降低对域外能源的依存度，提高区域整体能源自主保障水平。

加强各国间能源电力发展政策协同，形成统筹国家与区域可持续发展的规划目标。采取顶层设计和各国自主规划相结合的原则，统筹考虑地区能源资源与需求，开展区域和各国能源电力规划研究。在各国充分沟通、共享数据、公共协商、深度互动的基础上，综合人文社会、气候环境、能源安全、经济发展以及科技进步等因素，形成具有前瞻性的区域能源电力可持续发展目标，由远及近，指导各国清洁能源电力发展规划。

大力发展清洁能源，积极推动电能替代，保障能源供应安全的同时加快低碳转型。加快开发东北亚丰富的水能、太阳能和风能资源，提高清洁能源在能源供给体系中的比例，不断拓宽能源电力供给途径。同时提升电能在交通、工业等终端能源消费领域的比重，构建以清洁能源为主导、安全高效的低碳能源系统，服务东北亚区域可持续发展战略目标。

协调各国监管政策、法规和机制，推动跨国电力贸易。分析各国政策、法规和机制方面的差异，协调各国监管机构，研判需要协调的政策法规。推动各国在税费等方面建立协调机制，推进跨国双边、多边中长期交易，提高跨国电力贸易规模。

强化技术创新驱动，加快各国间技术与标准融合发展，消除能源电力互通壁垒。发挥东北亚国家在清洁能源、特高压、智能电网等方面的技术引领优势，聚焦能源清洁化、电气化、智能化、集成化等，推动技术创新上、中、下游的对接与耦合。加强各国间技术与标准的协同，提高各国在电工装备、电网运行以及施工建设等方面技术标准和规程规范的兼容性，为构建东北亚能源互联网奠定重要的技术基础。

创新投融资模式，加快重点跨国联网示范工程建设。通过政府间协商和谈判，丰富项目投融资模式。各国充分发挥多边发展银行、商业银行、专项基金等金融机构优势，高效运用信贷、债券等金融产品，提升投资信心，降低投资风险，拓展投资途径。选择条件成熟、收益显著的项目作为示范项目，打造样板工程。建议进一步深入研究中韩日联网项目，为后续多国互联项目提供经验。同时推动中蒙、俄日等互联通道前期研究，助力东北亚能源互联网建设。

参 考 文 献

［1］　刘振亚. 全球能源互联网［M］. 北京：中国电力出版社，2015.

［2］　刘振亚. 特高压交直流电网［M］. 北京：中国电力出版社，2013.

［3］　全球能源互联网发展合作组织［M］. 亚洲能源互联网发展与展望. 北京：中国电力出版社，2019.

［4］　刘爽，等. 东北亚发展报告（2017—2018）［M］. 北京：社会科学文献出版社，2018.

［5］　朴光姬，钟飞腾，李芳，等. "一带一路"建设与东北亚能源安全［M］. 北京：中国社会科学出版社，2017年.

［6］　康奈尔大学，欧洲工商管理学院，世界知识产权组织. 2019年全球创新指数：打造健康生活——医学创新的未来［R］. 2019年.

［7］　国际能源署. 化石能源燃烧CO_2排放［R］. 2019.

［8］　灾害流行病学研究中心. 自然灾害2018［R］. 2018.

［9］　联合国环境规划署. 全球环境展望6—亚太区域报告［R］. 2016.

［10］联合国欧洲经济委员会. 蒙古环境绩效评估［R］. 2018.

［11］国际能源署. 全球能源展望报告［R］. 2019.

［12］国际能源署. 全球能源平衡［R］. 2018.

［13］Victor K，Ruslan G，Alexander O. Energy sector of the Russian Far East：Current status and scenarios for the future［J］. Energy Policy，2011，39（11）：6760-6780.

［14］MOTIE. Korea Energy Master Plan Outlook and Policies to 2035［R］. 2014.

［15］Renewable Energy Institute. Asia International Grid Connection Study Group Interim Report［R］. 2017.

［16］具天书. 东北亚共同体建设［M］. 北京：北京大学出版社，2014.

［17］Energy Charter. Gobitec and Asian Super Grid for Renewable Energies in Northeast Asia［R］. 2014.

［18］Otsuki T，Isa A B M，Samuelson R D. Electric power grid interconnections in Northeast Asia：A quantitative analysis of opportunities and challenges［J］. Energy policy，2016，89：311-329.

［19］国家能源局. 能源生产和消费革命战略（2016—2030）［R］. 2017.

［20］中国电力企业联合会. 中国电力行业年度发展报告2018［M］. 北京：中国市场出版社，2018.

［21］中国气象局风能太阳能资源评估中心. 中国风能资源评估（2009）［M］. 北京：气象出版社，2010.

［22］中国能源中长期发展战略研究项目组. 中国能源中长期（2030、2050）发展战略研究——可再生能源卷［M］. 北京：科学出版社，2011.

图书在版编目（CIP）数据

东北亚能源互联网研究与展望 / 全球能源互联网发展合作组织著. —北京：中国电力出版社，2020.7
ISBN 978-7-5198-4726-5

Ⅰ. ①东⋯　Ⅱ. ①全⋯　Ⅲ. ①东北亚经济圈–互联网络–应用–能源发展–研究　Ⅳ. ①F431.062

中国版本图书馆 CIP 数据核字（2020）第 102396 号

审图号：GS（2020）2372 号

出版发行：中国电力出版社
地　　址：北京市东城区北京站西街 19 号（邮政编码 100005）
网　　址：http://www.cepp.sgcc.com.cn
责任编辑：高　畅（010-63412647）
责任校对：黄　蓓　朱丽芳
装帧设计：张俊霞
责任印制：钱兴根

印　　刷：北京瑞禾彩色印刷有限公司
版　　次：2020 年 7 月第一版
印　　次：2020 年 7 月北京第一次印刷
开　　本：889 毫米×1194 毫米　16 开本
印　　张：5
字　　数：106 千字
定　　价：120.00 元